ER TONG ZAI QIAN
WO ZAI HOU

儿童在前，我在后

与孩子们一同沉醉于小学品德课堂

唐隽菁——著

南京师范大学出版社
NANJING NORMAL UNIVERSITY PRESS

图书在版编目(CIP)数据

儿童在前,我在后:与孩子们一同沉醉于小学品德课堂/唐隽菁著.--南京:南京师范大学出版社,2018.3
ISBN 978-7-5651-3610-8

Ⅰ.①儿… Ⅱ.①唐… Ⅲ.①思想品德课－课堂教学－教学研究－小学 Ⅳ.①G623.152

中国版本图书馆CIP数据核字(2017)第312289号

书　　名	儿童在前,我在后——与孩子们一同沉醉于小学品德课堂
作　　者	唐隽菁
责任编辑	刘自然
出版发行	南京师范大学出版社
地　　址	江苏省南京市玄武区后宰门西村9号(邮编:210016)
电　　话	(025)83598919(总编办)　83598412(营销部)　83598297(邮购部)
网　　址	http://www.njnup.com
电子信箱	nspzbb@163.com
照　　排	南京理工大学资产经营有限公司
印　　刷	南京玉河印刷厂
开　　本	787毫米×960毫米　1/16
印　　张	14.75
字　　数	265千
版　　次	2018年3月第1版　2018年3月第1次印刷
书　　号	ISBN 978-7-5651-3610-8
定　　价	39.80元
出 版 人	彭志斌

南京师大版图书若有印装问题请与销售商调换
版权所有　侵犯必究

儿童在前，我在后

——与孩子们一同沉醉于小学品德课堂

（代　序）

　　原本我可以年年涛声依旧，用手中的那张老船票登上一艘艘新船；原本我可以冲在第一线，让孩子们按照我的设计亦步亦趋学习；原本我可以躺在舒适区，自在轻松。但我选择了离开，离开自己的舒适区，挑战自我，突破边界，探寻教育的本源。渐渐地，儿童走在了我的前面，我走到了他们的身后。于是，每天的太阳对于我来说，都是新的；每天的课堂对于我们来说，都是新的。我和我的孩子们共同沉醉其间。

为何在后？

　　2002年第八次课程改革以来，"教师是平等的首席"这一理念已经深入人心。这个定位中有两个关键词："平等""首席"。从语言学上来说，两者相较，首席为重。

　　那么，什么是首席呢？管弦乐队中，第一小提琴组的第一小提琴手是首席，小型乐队中不设指挥时，他可就是指挥了。国外企业中，首席往往是"首席执行官"的简称，也就是我们通常所说的CEO（Chief Executive Officer）。毋庸置疑，首席就得坐最尊贵的席位，就是才华横溢无人可及，就得享受众星捧月的感觉。

　　如此说来，我选择退到儿童身后，不是有悖于"平等中的首席"这一师生关系吗？感谢"首席"的前缀"平等"。教师这一首席地位得建立在与儿童平等的基础之上，没有师生间的人格平等，教育就根本不可能真正实现。师者，不可高高在上，在其眼中，儿童应该是和他并肩站立的！而"平等中的首席"意味着我们不仅是陪伴者、同行者，还应该是领路人、引导者。因为陪伴，所以知其惑，理其意，同乐同悲；因为引领，所以必须只争朝夕地学习，向前沿学科、向最新理论、向同伴、向儿童。

我把儿童推上了前台,也是平等。因为我始终认为平等不是替代。人都是在游泳中学会游泳的,学习亦然。只有当他们充分展现已知,独立解决问题时,我们才能知晓他们的困惑、盲点和缺憾;他们的真正需要,才得以显现,教育也才能真正发生。

因为我始终认为平等不是禁锢。成长是每个人与生俱来的力量,"你若以为小孩小,你比小孩还要小"。每个孩子都拥有无限的可能,虽然他们年纪尚幼,但已经储备了巨大的能量,正在蓄势待发。

因为我始终认为平等不是平行。一个老师,几十位学生,每个人的步伐不尽相同,我与谁平行?当我与某个团体平行的时候,也就意味着有的孩子还在我的前方,而有的则落在了我的身后。教育是面向每一个学生的,怎可把快的拉慢,又怎可放弃后进?

儿童在前,我在后,我们就这样开始了每周一次的行走。

一进教室,我就被一群孩子围住了:"唐老师,今天我们做什么?"我明知故问:"你们有什么想法?""我们出去吧?""好,听你们的。"教室里欢呼雀跃。他们的需要就是我的教学内容,自己当家作主的感觉一定很妙。

上课铃一打响,不用我招呼,教室里立刻鸦雀无声,40多双期盼的眼睛齐刷刷地投向了我:"今天出去,两条规则:一、不说话;二、三人并排。"

这次行走,距离不变,路径不变,但自控的时间却是以往的一倍。回班统计时,全班46人,只有1人在第5个5分钟违规,其余45人全部坚持了30分钟。可喜可贺!

这一路上,有三位同学引起了我的注意。从出发到回班,他们三人自始至终都是手挽着手。仔细一瞧,两侧的同学都挽着中间同学的手臂,是事先约定,还是已成习惯?原本想到行走笔记中去找寻答案的,可是他们三人都没有提及此事。翻看了之前的照片,这才发现,他们一直如此。情同手足,真好!

我喜欢走在孩子们的身后,喜欢看着他们大踏步地朝前走,喜欢如影随形而非喧宾夺主。如果说当下的生活是为未来做准备的,那么,为什么要呵护备至事事代劳?为什么要将他们置于羽翼之下,生怕被磕着绊着?为什么要等到成年,再让他们独当一面呢?如果说,呵护是幼儿、小学低年级段的必须,那么,小学高年级就应该放手了,他们需要证明自己,他们需要释放能量,他们需要被摔打被锤炼。只有这样,面对风浪他们才能毫不畏惧、岿然不动、勇立潮头!

语文课本中,有"小鹰学飞"的故事,而我却听过另一个故事。雕鹰被称为"飞行之王"。当一只幼鹰出生后,没享受几天舒服的日子,就要经受母亲残酷的训练。在母鹰的帮助下,幼鹰没多久就能独自飞翔,但这只是第一步;第二步,母鹰把幼鹰带到高处,或树边,或悬崖上,然后把它们摔下去;第三步则充满着残酷和恐怖,那些被推下悬崖而能成功飞翔的幼鹰将面临最后的,也是最关键、最艰难的考验,它们那正成长的翅膀中的大部分骨骼会被母亲残忍地折断,然后再次从高处推下,有很多幼鹰就此成为祭品。之所以如此残忍是因为雕鹰翅膀骨骼的再生能力极强,只要在被折断后仍能忍着剧痛不停地振翅飞翔,使翅膀不断地充血,不久便能痊愈,痊愈后的翅膀将更加强健有力。

不仅雕鹰如此,在吕克·贝松拍摄的纪录片《迁徙的鸟》中,也有幼鸟被母亲逼着跳下悬崖的镜头。

儿童在前,我在后,就是希望给他们一片敞亮的世界去开拓、探究,而我是他们的智囊宝库。

儿童在前,我在后,就是希望让他们能够毫无顾忌地试错、解惑,而我是他们的安全港湾。

儿童在前,我在后,就是希望他们能在真实的情境中直接面对困难、挫折,而我是他们的坚强后盾。

当然,我只在他们需要时出现,只是应召而来。我希望我们能一直这样走下去。

怎样在后?

走在后,自然不是落在最后,更不是放任不管。怎样在后?很简单,让儿童走上前台,让儿童成为学习的主人,让儿童站在教育的中央。

而如何践行这一理念,我一直在探索。

- 再上一次

同课异构,早已成为教研的常态,大家都不陌生。因为我上同一个年级三个班的品德与社会(以下简称品德)课,同一内容每周都要上三遍,按说,翻来覆去地说,早该厌倦了。但我却喜欢"再上一次"。在这个班上完,马上就会想:我是不是还可以……如果那样……怎样才能解决这个问题?而所有的思考背后，都围绕着一点：我有没有真正退到儿童身后。于是，每一节课，对于我来说，都是新的。

《文明古国》是苏教·中图版《品德与社会》五年级的课文，对应的课标为：知道我国是有几千年历史的文明古国，掌握应有的历史常识，了解中华民族对世界文明的重大贡献。

为了让孩子们了解我国历史悠久，同时也为了让历史好玩起来，我以教材提供的《历史朝代歌》为蓝本，寻找到了台湾孩子及哈佛大学两位教授演唱的不同曲调、版本的《历史朝代歌》，课堂气氛果然轻松愉悦，笑声不断。

上课结束，我却陷入了思考：我这样做留给孩子们什么？仅仅是读读、听听、唱唱罢了。他们只是被动地接受，没有主动地参与。怎样才能让《历史朝代歌》成为他们的需要？

于是，在另一个班再上这节课时，我就重新调整了。在孩子们合作板书了四大文明古国之后，便请他们共同看黑板："你有没有什么问题？"马上就有孩子质疑："为什么三个文明古国都有'古'字，中国没有？"这是一个多么难得、精彩的问题。我把问题还给了孩子们："你们认为呢？""巴比伦已经消失了，所以要加一个'古'字。"有理有据。"古印度、古埃及比我们历史更久吧。"有的孩子开始猜测了，回答模棱两可。"你们有没有听过《历史朝代歌》？""听过。"有个孩子一口气全背出来了！他喜欢历史，情有可原。他的展示，立刻引来赞叹一片。赞叹的同时，有孩子开始跃跃欲试了。不愤不启，不悱不发，《历史朝代歌》的推出水到渠成。

"我们来看看，都有哪些朝代？""能不能标出大一统的朝代？""有什么发现？"原来，整个中国历史就是分久必合，合久必分。何止中国历史，世界历史不也如此？这是孩子们可贵的发现。

此时再来欣赏两个版本的《历史朝代歌》，孩子们就不再旁观了，他们主动参与，开口演唱，还有孩子想换曲谱，编创属于自己的朝代歌呢。

到此并没有结束。"为什么只有中国没有'古'？""因为我们的历史蔓延五千年。""通过《历史朝代歌》，我发现，我们的历史没有中断过。"这就是中国历史的伟大之处，它造就了中华的灿烂文明，从这一点上来说，是其他三个文明古国所无法企及的。

再上一次，让我得以努力弥补自己的缺憾；

再上一次，让我得以和孩子贴得更近；

再上一次,让我能够更加笃定地向后退。

• 单元入手

近期,我在一篇质疑"探究式教学"的文章中,看到2006年发表于《教育心理学家》期刊的一份研究报告,其中指出将"建构主义"的心理学理论变成教学法是一个错误的做法。"探究式"的学习,只能在参与者已经熟练掌握了相关的知识,甚至达到"专家"级别时,才会有效。

因此,若想实现儿童在前,我在后,就必须让他们具备基本能力。如果赤手空拳,莽撞地赤膊上阵,只会导致兵败如山倒。一旦兵败,再想重整旗鼓,可就难于上青天了。

小学高年级品德课的课程定位一直都存在争论,有人认为这是一门综合课程,不必注重知识学习;有人认为这门课包含了以往社会课的内容,知识众多,必须掌握。那么怎样在这两种观点中求取平衡,去粗存精?

的确,小学高年级的品德与社会对应着初中道德与法治、地理、历史三门学科,内容丰满,包罗万象。由于课程标准中明确指出,本课程"以学生良好品德形成为核心",所以,地理、历史内容多为散点式的呈现,是为"初步掌握认识社会事物和现象的方法"服务的。因此,我们就必须将教材中零散的知识碎片系统化,这样才有利于这一目标的达成。"思维导图"就这样被我引进了品德与社会课堂。

"思维导图"是由一个中心主题或知识点开始,向四周放射性扩展和记录所有相关的关键词。当我把它推荐给孩子们的时候,他们好像见到了老朋友一般。"我们喜欢图形"——这就是他们最朴素的理由。说是我教,其实我只告诉他们一点:每处关键词不超5个字,然后就是放手实践。

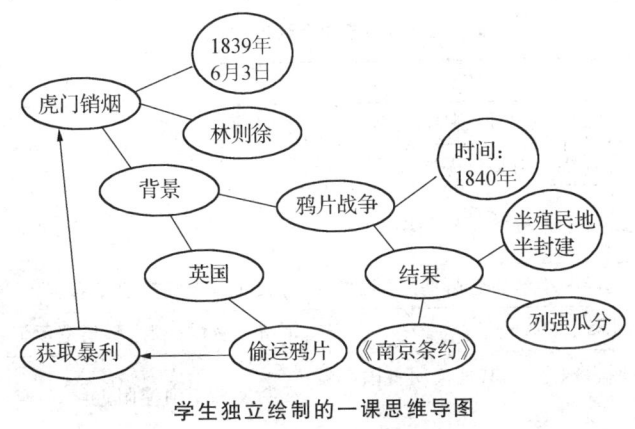

学生独立绘制的一课思维导图

在实践的过程中,孩子也逐渐摸索出经验:重要时间、地点、数字都是不可忽视的关键信息;形容、描述类的语言均不属关键词。从一课入手,到整个单元,孩子们在课堂上独立完成的思维导图,彰显着他们成长的足迹:由繁琐走向简约,由面面俱到走向逻辑清晰,由知识性较强的内容走向情感主题,他们驾轻就熟,胜似闲庭信步。

当我们在思考"教学,究竟给孩子带去了什么"的时候,其实,就是在追问:"课程,究竟给孩子留下了什么?"进而深究:"课程必须得由成人建构吗?""儿童只能是课程的接受者吗?"回答当然是否定的。人是文化的享受者、体验者,更应是创造者。作为文化的课程,儿童不仅是学习课程,更应该参与课程开发,在学习、开发课程的过程中,建构课程,发展课程。掌握了思维导图,就为建构儿童品德课程奠定了坚实的基石。

- 时间规划

人是如何学习的?约翰·布兰斯福德在其著作中如此阐述:"知识不仅仅是其相关领域的一系列简单事实和公式的汇总,相反,某一领域的知识是围绕一个核心概念或'大观点'组织的,这一核心概念或者大观点指导了这一领域的思想。"因此,如果想理解记住某些项目,就不能从细节开始,而应先从核心理念出发,并按照层次方式,形成围绕这些较大概念的细节。结合脑科学界众所周知的原则:记忆可以通过创造概念之间的联系而得到提高,我们就可以从核心概念出发,走入细节,进而通过赋予意义,让细节成为联系概念的纽带。

《金字塔下留个影》是苏教·中图版《品德与社会》六年级上册的一篇课文。原先在上这节课时,我提出了以下几个主要问题(见下表):

《金字塔下留个影》修改前的教学预设

问题	意图
小李要到埃及,去之前需要做哪些准备?	了解学生前知
埃及在哪儿?有哪些邻国?有哪些临海?	了解埃及地理位置
我们中国在埃及哪个方位?怎样到埃及?	通过海、空两种方式,了解方位以及途经的海洋
埃及属于什么气候?小李要带哪些行李?	将人文与地理有机结合
小李最想去哪儿玩?	了解埃及的名胜,引出尼罗河
埃及是四大文明古国之一,其他文明古国有哪些河流?	文明发源于河流附近

虽然这节课是以到埃及旅游为线索的,但是各个问题之间并没有内在逻辑关系,未能形成一个整体。更为重要的是面对指向不同的众多问题,孩子们整节课就处于忙碌、应付状态,自然,课后的问卷调查"埃及地理位置""母亲河"的知晓率仅为11%、48%,也就不足为奇了。

那么,这节课的"核心概念"是什么?教学目标已经明示:地理位置、河流作用外,还有人地关系、古代文明。依据"一次只做一件事"这一定律,我对教学流程进行了如下调整(见下表):

《金字塔下留个影》修改后的教学预设

序号	问题	意图
1	到埃及旅游,你会在哪儿留影?还想知道什么?	引出课题,了解学生前知
2	能不能用地理语言,说说埃及所处的位置?	了解埃及地理位置(位于哪个洲、邻国、临海)
3	为什么尼罗河是埃及的母亲河?	了解尼罗河的作用:提供水源、提供肥料、滋养文明、孕育生命
4	当年郑和到过红海沿岸,如果我们现在乘船去埃及地中海沿岸,可以怎么走?	引出苏伊士运河并了解其作为"国际黄金水道"的重要作用

两相对照,不难看出,后者是以模块的形式呈现的,每个模块只持续10分钟左右的时间,仅包含一个单一的核心概念,也就是说,我们将课分成了4段,每段10分钟,每段仅研究1个问题。这是因为大脑在处理细节之前总是先处理含义。喜欢层次结构的大脑,自然愿意接受我们以分层次的方式从一般概念讲起,引到信息解释的授课方式。

为什么要这样规划40分钟呢?这与约翰·梅迪纳博士发现的10分钟规则有关。他发现,无论是演讲还是授课,在9分59秒后听众的注意力开始准备下降到零。如果不迅速做些事情,学生们最终会无法跟上老师授课步伐,以失败而告终。那么,他们需要什么呢?当然不是同一类型的更多信息,也不是毫不相干的线索,他们需要一些能引起兴趣的东西,让他们冲破10分钟障碍走向新领域。转换一个与主题有关的话题,就是不错的方式。

只能在后吗？

课堂上，并不总是儿童在前，我在后的。

大道从简。

无论是学习，还是生活，我都喜欢寻找具有普遍价值的理念、举措，从而实现举一反三、一以贯之。这一思想，也延伸到了日常教学。

前不久看完《教养的迷思》一书，可以说，这本书完全颠覆了我以往对于教育的认识。更重要的是，它揭示了一个人在成长过程中最重要的影响因子，那就是同伴。如果让我用一个公式来概述全书的话，我会列出：同伴、社区＞老师＞家长。作者通过大量的数据分析，断言：家庭对于儿童人格成长的影响，几乎为零。其实，这一观点，古已有之。孟母为何三迁？就是希望孟子近朱者赤。心理学有一项有趣的试验，人的胖瘦与同伴相关吗？结果显示：相关度极高。甚至于一起吃饭的同伴体型都会影响我们的食量。所以，结交怎样的朋友、怎样与人相处，就是一门大学问，而且是小学中年级必须掌握的。

因此，我们四年级上册第一单元就是"我们在一起"。聊合作、谈友谊，讲相处，当然也提及了反面：遇到欺负和威胁怎么办。

教材是从一位女同学的心里话开始的："你给别人起过绰号吗？你喊过别人的绰号吗？"我也想从绰号开始，但问题的选择避免了戳人痛处："绰号，有别人给自己起的，也有自己给自己起的。如果我们给它分类，一般可以分为：善、恶。为什么会起这个绰号？面对这些绰号，我们该怎么办？"没有经过讨论，我只请孩子们独立思考，将思考的过程用思维导图展现出来。

随后的交流就很有效率。大家发现，两者之间有着非常明显的区别：出发点不同、语气不同、影响不同……对于善意的让人高兴的绰号，自然是欣然笑纳。那么带有恶意的绰号呢？孩子们会怎么办？他们想到了说"不"，想到了"离开"，想到了"告诉老师和家长"。在他们的基础上，我推荐了四步做法。

第一步：说出你此时的感受，告诉他，这个绰号让你觉得不舒服、你很生气、你很难过、你很委屈。

第二步：说"不"。为什么不一开始就说"不"呢？也许那个孩子不是故意为之，只是想开个玩笑。如果你告诉了他你的感受，他还继续这样称呼你，就说明，他之前的行为不是无意的，而是带有明确的目的的，因此，此时必须严正声明，断然拒绝。

第三步：离开。"打不过就跑，跑不过就躲"，这是动物的逃命绝技，也是我们祖先得以保存生命的必要法则。三十六计走为上计，离开这个是非之地，没有必要与他计较，更没有必要发生正面冲突。

第四步：告诉老师和家长。事不过三，至此我们已经仁至义尽了，如果他还坚持喊，那么必须告诉老师和家长，请成人介入，帮助教育。

以前看过一个绘本《不要告状，除非是大事》。这本书的作者是美国的珍妮·弗朗兹·兰塞姆，她是小学辅导员，她发现小学每个学年都会有告状频发期。切身的经历让她决定写出这个故事，以便告诉大家，告状是可以通过一些技巧和方法得以控制的。书中，她清晰地列举了哪些属于大事，大事就要告诉大人，寻求大人的帮助。

但我觉得，这是事情发生以后可以采取的策略。当危险近在眼前，当自己身体已经感觉到浓浓的敌意，此时该怎么办呢？这才是最重要的。

当然，我们这四步做法并非空穴来风。

在美国参访期间，我在一所学校的走廊上，看到了这样一张提示：

停止步骤：

1. 说"停"。

2. 我不喜欢你这样做。

3. 假如你不停，我会去说的。

4. 走向一名成年人。

受它的启发，结合孩子们的做法，我提出了以上四步做法。

如果这些做法只是停留在纸面上，那么对孩子未来的生活必定没有什么帮助。我们德育的实效性自然微小。

我请孩子们同桌合作表演：一人扮演喊绰号的孩子，另一人练习四步做法。两个角色，还得互换。

教室里立刻沸腾了起来。

孩子们依葫芦画瓢，画得像吗？我请了一对同桌上台展示。

这一展示，孩子们立刻发现了可以改进的诸多细节：

• "她喊你难听的绰号，你怎么能够笑呢？"完全正确。很多时候，我们之所以被欺负、威胁，就是因为我们的表情向对方传递了错误的讯息。

• "你要立刻跟她说你的感受，不能等半天，才开口。"对，第一时间说出感受，就是避免事态进一步发展。

• "离开，怎么能拖拖拉拉呢？你一定跑得过她的。"展示的时候，我特地让女生扮演喊绰号的人。离开，一定要快。时间就是生命。

思维导图又进行了完善。

"不仅仅是被人喊了难听的绰号，当我们被人欺负了、受到威胁了，都可以采用这四步。"话音刚落，就有孩子举手："老师，如果我做到第三步，事情就解决了，还需要告诉老师和家长吗？"大家都笑了。我们学习的目的，不就是运用知识解决问题吗？

"如果以后有同学来跟我告状，我很想知道，之前你做了些什么？"孩子们又乐了。

课下，我在前，儿童在后。但我一定不会让他们知道。

执教"爸爸妈妈我想对你说"一课时，我请孩子们给爸爸、妈妈写几句话，课后带回家给爸妈看看。结果，情况很不理想，甚至有14个孩子选择向家长关闭心门。

课上，我和孩子们谈起了青春期的特点，这个重要阶段急需家长的帮助和引导；课后，我一直在忙着梳理，把孩子们想对家长说但又没给家长看的话，逐一拍下，点对点发送。发送的同时，我也附上了一段话："希望让您能透过这短短的几句话，重新认识正在长大的孩子；希望能够以此为契机打开孩子的心门，走进孩子的内心世界；希望每一个家庭都能相亲相爱，彼此关怀，彼此体贴，彼此谅解。"

走在他们的前方，我们教师，就是一座桥，架在方法与孩子之间、家长与儿女之间、生活与儿童之间。而我们站在当下，又是过去与未来之间的那座桥。要成为一座合格的桥梁，唯有贴着儿童、贴着生活、贴着阅读不断飞行。

很早之前，读过一本书《谁动了我的奶酪》：小老鼠在原来自己的窝里，觉得很舒服，一旦出去了以后，它感到很彷徨、很无奈、很恐惧，所以它就不愿意出去了。这个窝就构成了它的"舒适区"。其实，我们和小老鼠一样，也都有自己的"舒适区"。因为舒适区是由我们的习惯构成的，如果想有所突破，想不断挑战，想变革创新，那就会让我们离开"舒适区"，感觉很不好。尽管如此，我依旧愿意走出来，因为，这是一种生活方式，更是一种人生态度。

目 录

儿童在前,我在后——与孩子们一同沉醉于小学品德课堂(代序)
.... 001

第一篇 生者,师也

1. 述职、评议头一遭 003
2. 竞选开始了 006
3. 弃权,是你的权利 010
4. 面对习得无助者 013
5. 这就是我们的孩子 018
6. 每个孩子都是一座富矿 021
7. 感念她的变化 025
8. 提升我们的高度 027
9. 提问—回答 030
10. 我,就是一座桥 034
11. 你是要鱼,还是要渔? 036

第二篇 "渔"胜于"鱼"

"渔"胜于"鱼"——思维可视

1. 让思维尽量可视化 041
2. 思维导图,从何入手? 046
3. 归类,是"七寸" 049
4. 断·舍·离 052
5. 一黑板的符号 057
6. 外面的世界怎么样? 061
7. 一课一问 064

8. 渔,掌握了吗? ……………………………………… 067

"渔"胜于"鱼"——学习是技术

1. 学习,是个技术活儿 …………………………………… 071
2. 时间都去哪儿了? ……………………………………… 075
3. 寻找适合自己的学习方法 ……………………………… 077
4. 试错,未尝不可 ………………………………………… 080
5. 是原地踏步,还是向前迈进? ………………………… 083
6. 差距,是点滴累加的 …………………………………… 086
7. 习惯是个什么词? ……………………………………… 089
8. 把信送到了吗? ………………………………………… 091
9. 与自己对话 ……………………………………………… 093
10. 合作,多么美好 ………………………………………… 096
11. 交流,也可以如此安静 ………………………………… 100
12. 法律护我成长 …………………………………………… 103
13. 从二元对立到二元互补 ………………………………… 106
14. 原来是前额叶 …………………………………………… 109

"渔"胜于"鱼"——停留,即调整

1. 停一下,为了调整 ……………………………………… 111
2. 就这样,一天天拉大 …………………………………… 114
3. 课上与课下 ……………………………………………… 118
4. 复习,就是教别人 ……………………………………… 121
5. 现在的,未来的 ………………………………………… 124
6. 检测,是为了遇见更好的自己 ………………………… 127
7. 贵在平时 ………………………………………………… 130
8. 只要勤勉,你也可以 …………………………………… 133

第三篇 时间·空间

历史·未来

1. 历史,我们才刚刚起步 ………………………………… 137
2. 历史=现在=未来 ……………………………………… 142
3. 多一把尺子,多一个视角 ……………………………… 145

4. 走进去再跳出来 …………………………………… 149

5. 在游泳中学会游泳 …………………………………… 152

6. 聚焦信息素养 …………………………………… 155

课堂·窗外

1. 为什么要行走？ …………………………………… 159

2. 计时器伴我行 …………………………………… 161

3. 人性·制度·文化 …………………………………… 165

4. 看见 …………………………………… 169

5. 行走·发现 …………………………………… 172

6. 怎能辜负冬日的第一场雪 …………………………………… 174

7. 球赛失利之后 …………………………………… 177

8. 遇事，我该怎么办？ …………………………………… 180

9. "秦"对？"秦"错？ …………………………………… 182

10. 爸爸妈妈，我想对你说 …………………………………… 185

11. 对峙就是胜利吗？ …………………………………… 187

第四篇　仰望星空

1. 我的未来不是梦 …………………………………… 191

2. 我有一个梦想 …………………………………… 197

3. 人生七年 …………………………………… 200

4. 关于糖的故事 …………………………………… 203

5. 课堂，向四面八方打开 …………………………………… 206

6. 世界很大，应该去看看 …………………………………… 210

毕业季：满满的幸福与感动（后记） …………………………………… 213

第一篇 生者，师也

1. 述职、评议头一遭

新学年开学第一课,我们开展课代表、组长述职评议活动。这对于所有孩子来说,都是头一遭。除了备感新鲜之外,各种状况也"闪亮登场"。

说说组长这个活儿

在班级之中,"组长"这个岗位虽然有个"长"字,却一点都不光鲜亮丽。它没有标志,更没有什么权力,有的只是义务、责任。每节课结束,其他同学都可以到户外休息了,他们得留在教室收本子。如果小组同学配合还好,如果遇到拖拉的,或是只顾自个儿玩的孩子,那可就惨了:组员没完成,他们得站在一旁耐心等待,有时还要出手相助;没把本子放在桌上的,他们得抽屉里、地面上到处找。即便这样,往往也落不到什么好处。且不说同学的感谢吧,组长花费了很多时间、付出了很多辛苦之后,还会因为本子没有收齐,而被批评;还会因为某些同学没有拿到本子,而被责怪;还会因为本子被其他同学碰翻在地,而被冤枉。可就是这个非常不起眼的基层岗位,却是班级各项工作正常运转过程中的重要一环。在我眼中,也是最能历练人心性及能力的岗位。

述职,就是让组长站到前台,说说他们的心里话。

自我剖析式——

我虽然按时发本子,但有时我还是会趁大家不注意,扔一下本子,后面我会改进的。

上学期由于换座位比较频繁,负责的对象也就挺凌乱的。所以有的时候会找不到人,有点着急。但我每次都会认真、按时完成任务。

活动感言式——

我觉得组长这个活儿不只是发本子。收本子的时候,也会有争执。比如说,老师已经让大家全部停笔了,但还是有人会把那课或那一页写完,我们当组长的是平和地等他,还是立即把他本子抽走?(众笑)相信大家都知道的吧。我是这样的,如果还有一点点,我会等他,而且还要不停地催;如果还有很多很多的话,我就会把本子直接拿走。当组长其实挺累的,不过,我还是愿意继续担任。

言简意赅式——

当品德组长还是挺累的,但这种累,我是能够承受的。所以,如果我们组的组员信任我,我还是愿意当下去。

组长看上去就是收本子、发本子,但要做好,很不容易。如果大家信任我,我愿意留任;如果觉得有比我干得更好的,我愿意让贤。

可就是这样的岗位,孩子们还是干得乐此不疲。

我为何不能投票?

各位组长述职之后,按照流程应该进入组员民主评议阶段了。主持人小苏温文尔雅,说起话来不疾不徐:"第一组有组员 10 人。"按照事先的约定,票数必须等于或大于全组半数组员数,组长才能继续留任,所以小苏宣布投票前都要数一数各组人数。"请大家闭上眼睛,开始投票。1,2,3。"小姑娘这两句话看似轻描淡写,其实每一细节都是精心安排的。闭上眼睛——确保不受其他同学的影响,做出自己独立的判断;数三下——给每位同学预留了充足的思考时间,也明确了统计的截止时间,一旦数到 3,之后再举手,此票作废。

很快,第一组的老组长高票当选。

轮到第二组了。"第二组 11 人。""不对,是 12 人。"上学期竞选出来的组长是按照得票的高低自由选择小组的,因此,有不少组长所负责的小组并不是自己所在的小组。第二组的组长小宋凑巧就负责第二组。"你不能给自己投票,这样对于其他组长来说才公平。"小苏耐心地解释着。"我也是人呀,我为什么不能投票?"小宋这话说得在理。但很遗憾,小苏还是坚持自己的观点。小宋也没有再坚持。投票时,他没有举手。

好在,11 位组员都投了票,小宋顺利通过。

究竟他有没有投票资格?这个问题,可以留待"村民选举"一课时研讨。

主持人成话痨了

主持人并不是我指定的。但凡想当主持人的孩子,都可以参与。先"黑白配",再"包剪锤",就是采用如此简单的方法,产生出了主持人。不难看出,这些小主持人并不是依靠才能当选的,他们靠的是运气。因此,对于他们中的很多人而言,走到台前来当主持人,有生以来头一次。那种兴奋的心情,难以言传。

主持人小沈就是其中的一位。由于一位组长被罢免后,要重新进行组长竞选,因此等到当选组长的人发表入职感言之后,就打下课铃了。小沈同学赶紧走上讲台说:"虽说这是我第一次当主持人,应该多发点言,但看在大家都挺想玩的份儿上,我还是少说点吧。皆大欢喜,恭喜小薛当上了组长,当然小柴你也别气馁,说不定哪天小薛被揪到'老鼠尾巴',你就有机会了。开个玩笑,开个玩笑。我还希望大家在这个学期不要太累,太累对自己的身体不好。还有组长一定要好好做呀,不要让组员抓到你们的'老鼠尾巴'。也就这样吧,总结就是这样。"小沈终于走下了讲台。

他既祝贺了新当选的组长,又安慰了落选的同学,还不忘提醒同学们注意身体,这还是在少说几句的前提下,如果有时间,估计他会说得更多。

当然也有特例。经过投票,有一位组长落选了。但这组又没有一名同学上台参与竞选。好不容易有一个孩子主动请缨,投票时,又无人举手。这一突发状况,让我们的主持人措手不及,不知如何是好。我便让她继续下面的流程。从孩子们的表情中能看出,他们非常诧异:"就这样?"当然,就这样。这是他们的权利,也是他们自己的选择,因此,由此引发的后果需要他们自己承担。

在活动感言中,孩子们发表了各自的观点。

今天我们在课堂上选了新的组长。当我们选到第二组的时候,一个令人惊奇的情况展现在了我们的眼前,没有一个人愿意当组长,也就意味着没有一个人愿意为自己的小组去奉献和服务。当小徐站起来的时候,却没有人选他,我觉得很失望:你们第二组难道这么不信任同学吗?

新的学期,品德课的组长又要更换了,虽然三位同学的发言大同小异,但非常真实,勇于说出自己的优点与不足,值得我学习。因为我在竞选时,从来没有想过自己的服务给大家带来的感受,只是一味地说自己有多么优秀。

又到了新一学期,组长又发生了变化,我们组和第一组的没变,第二组却从此没有了组长。大家的意见各不相同,想法也不一样。我觉得我们其实很幸运,有别人为我们服务,这就很好了,我们应该知足了。

今天小车没有继续当选第二组的组长令我感到震惊,不管是收作业还是发作业,他并没有什么出格的地方。可是第二组竟没有任何一个人给他投票。他在发言中也说认识到自己以前的错误了,会改正,却没人给予他机会。第二组把前任组长赶下台,却又没有推选别人。

2. 竞选开始了

孩子们不是第一次参加竞选了。以往都是老师组织，这次完全由他们唱主角，还是头一遭。竞选之前，我请孩子们独立绘制了思维导图：你认为品德课代表、品德组长的职责有哪些？你有哪些优势？

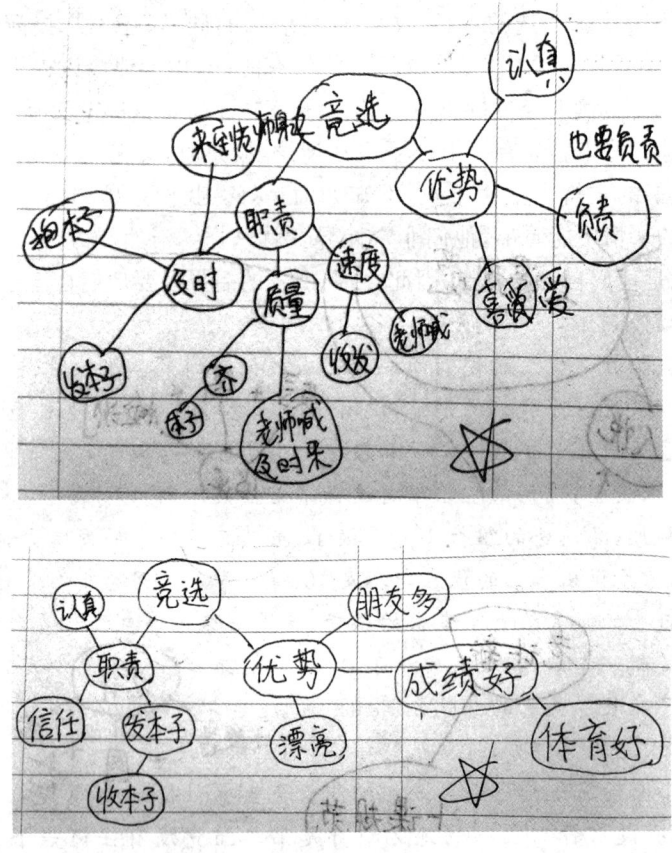

随后，我带着他们梳理了竞选流程，由孩子们自己产生出一名主持人，我退至一旁。我没有想到这位主持人如此落落大方。

她坐在第一排，有一双非常漂亮的大眼睛。她能够当选，完全是依据我制定的课堂规则。想担任主持人的孩子可不少,黑压压的,站起了一大片。"男让女",男生自觉坐下;"老让新",之前发过言的孩子自觉坐下。就是这样,也还有不少孩子站着。这可怎么办?他们都把目光投向了我。我又把目光投向了他们:既然把权利赋予你们,我就不会横加干涉。很快,几位女生坐了下去,只剩她了。她就成了今天竞选活动的主持人。

我不知道她有没有担任过主持人工作,但看她站在讲台前的姿态,就觉得这小姑娘胸有成竹。果然,一开口,妥妥地,特沉稳,特笃定。当然她也遇到了困难,不过,事出有因,她也应对自然。

下课时,我找她聊了几句,她问我:"下次活动,还能让我主持吗?"我笑而不答。因为,权利我已赋予你们了。

今天,唐老师让我来主持今天的课代表选举。我十分开心和激动!一开始,我还有一点紧张,后来,慢慢地我越来越放松,我认为:这就是我的舞台!

我没想到孩子们如此深明大义,相互关爱。

经过这次竞选,我感受到同学们对班级的重视和对自己的信任。大家都想为班级做出一点贡献。

首先,这些同学愿意为班级做贡献,这是值得表扬的。没有选上的不要放弃,还有机会;选上的不要骄傲,要认真干。

这次竞选到品德课代表感觉真是太棒了。我感到非常骄傲,因为我终于能为我们班做出贡献了,所以,我觉得,既然选上了,就要努力一把!

这次竞选我没有参加,因为我是数学课代表和数学组长,还是学习委员。如果可以的话,其实我也愿意上台去竞选,多一次为班级出力的机会。当然,我依然恭喜那6位被选上的同学。

我参加了这次竞选,只是我和女生中的倒数第三就差一票。看来,我的人气还不够,朋友多一个,票数就可以多一票。

这次当上品德课代表非常开心,而且是以39票领先。既然有这么多同学支持我、信任我,我就一定要把工作干好,并且坚持到底。我也很感谢投我票的同学!

要评选小组长和课代表了。我很兴奋,经过激烈的角逐,我的同桌当上了,我特别高兴,为了让同桌当上课代表,我投了他一票呀!

现在,小胡、小翟当了课代表,让我失望的是没有女生。不过也没有关系。可让我不放心的是小李,他的妈妈每天给他收拾书包(此话有言外之意),这是一项对他的考验,加油!

这次竞选很公平。因为很多平时没有机会的同学都能够当上课代表和小组长了。这样不仅能减轻有些同学的负担,还能让更多同学体验当课代表、小组长的感受。

在这次选举中,我们推选了6位希望为班级做出贡献的同学,作为课代表和小组长。这6位同学平常没有机会为班级做出很多贡献,所以他们就通过这次选举来为大家服务。

小瞿能当上课代表,我很开心。因为他很想为大家服务,可是每次选小组长时,他都是擦肩而过。今天,他如愿以偿了。

今天竞选,我虽然落选了,但通过这次竞选,我重新认识了自己。首先,自己人缘关系不好,每天下课只有七八个人和我玩,我应多交朋友,让他们重新认识我。我希望有一天我能为班级做贡献!

这一次选出的课代表都是我的朋友,最好的是小瞿。他们能当课代表我是很乐意的。

能当上品德组长,我非常开心,不过也有一点遗憾。遗憾的是,我想当课代表没当上。哎,我当上组长也知足了吧!加油!努力!奋斗!

我很高兴,因为我们班的两位课代表都是我比较喜欢的好朋友,如果我在学习上有困难,他们俩也会帮助我。

孩子们都向当选的同学表达了由衷的祝贺,很多同学都提及了"贡献"。是的,班级中所有的岗位都是在做贡献,得任劳任怨,得不计名利,得克己奉公。有了服务意识,才不会以"当官"自居,高高在上,指手画脚。孩子们能够如此深明大义,得感谢他们的启蒙老师——父母长辈的谆谆教诲、以身垂范,得感谢他们的幼儿园老师、小学老师身正德高。

还有一点,也让我想不到。想不到孩子们的性别意识如此之强。

这次我很高兴,因为两个课代表都是男生,说明男生是很有实力的。我还有点奇怪,以往投票总是女生多,这次是男生多了。

这次竞选,两位课代表是男生,我觉得有点不公平,因为如果两个课代表都是男生的话,他们就会对男生好一点,所以我觉得一个男生、一个女生当课代表好。

太棒了!Very good!终于有男生课代表了!我几乎要给他们一个拥抱。

几乎。

这次评选出的两个课代表,竟然是两个男生,这真让我做梦也想不到,平时,都是女生当课代表,而今天却是两个男生,我心里真是有一种说不出的爽快!

这一次竞选,我认为有一点小遗憾!虽然我当上了小组长,但是还是与课代表擦肩而过!这次的课代表是两个男生,我想应该是一男一女才对,但是我却以3票之差落选了课代表。我在女生中是票数最高的,当上了小组长我觉得也不错,因为可以为同学们服务。

这为我日后的教学设立了一个新的课题:男女生之间应该有界限吗?如果有,界限应该设在何处?如果没有,怎样突破现在的隔阂?

3. 弃权，是你的权利

推荐了阅读《世界小史》，我们的"共读时光"即将拉开序幕。为了增加活动的仪式感，确保活动有序高效，我以自由申报的方式确定了每个孩子负责的章节，以思维导图的形式向孩子们讲解了活动流程。话音刚落，就有孩子站了起来："老师，我退出。""可以。""第三十六章，哪位同学愿意负责？"立刻就有一些孩子挺身而出。我以为，这只是一个小小的插曲。没想到，又有些孩子站了起来，他们也是要退出的。弃权，是他们应该享有的神圣权利，我完全尊重。不久这些被遗弃的章节，又找到了新的小主人。

孩子们心态如何？这是我最为关注的。于是，下课前，我请他们在记录本上写一段话，"想写什么就写什么"。没想到，我竟然见到了一个非常可爱的"小雪人"。这个孩子一下申报了两个章节，兴奋之情溢于言表。

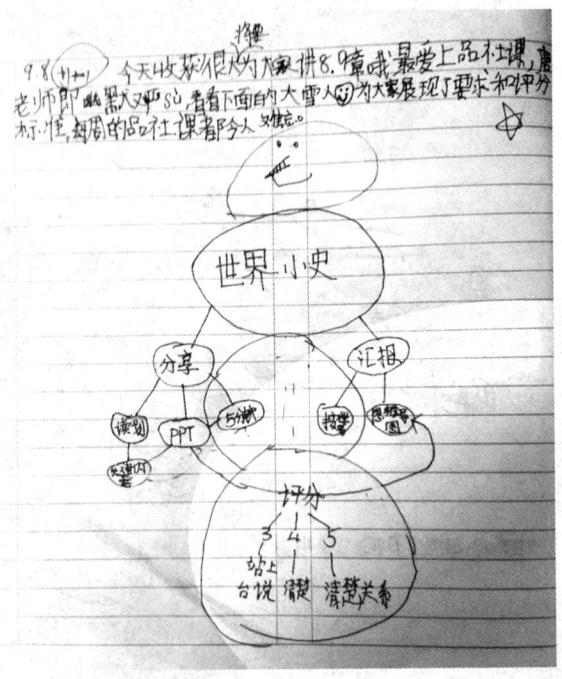

另一个孩子索性画了许多笑脸打了许多感叹号。更可爱的是，他把申报

比喻成了"抢红包"。不抢,机会怎么会垂青自己呢?

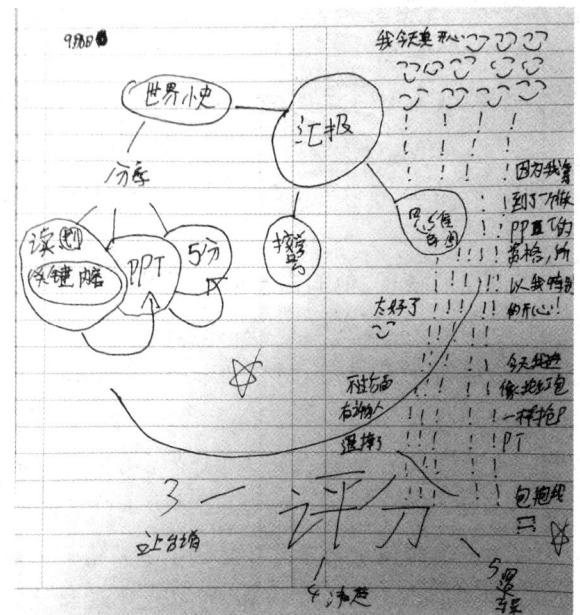

有的孩子已经摩拳擦掌了,有的连规划都想好了。

我今天申报了《世界小史》的第二章,我一定会好好准备的,要让全班同学都懂我讲的东西。加油!

1. 我要讲的章节是第十三章。2. 可以拍照来做 PPT,要 5 分钟。3. 要画出关键内容。

我本来是想退出读书的,但我又想为大家做贡献,先报了一个,后来又报了一个,我一定要争取做到满分。我一定要加油,以后再为大家做一些我能做好的事。

我是第四、十章。感受:有些同学申报了 3 次,很积极,还有些同学放弃了,机会全被别人拿走,太可惜了。上课有些同学违纪,这样不好,白白扣了 1 分,真可惜。我加了 2 分很开心。

我有开心的事:我被选到了第三十三章,读《世界小史》。我会尽心尽力做 PPT 的! 我有不开心的事:好多人退出,给别人增加了负担。希望以后不要退出了。

我今天很开心,因为我可以介绍两章,还加了两分!

1. 有些同学半途而废,我认为这样不对。2. 我得到了两章,很高兴!

3. 我有些优势：我读书快、做作业快，所以时间多。

《世界小史》第二十一章是我读，我非常高兴，不过回家可要精心准备了。我相信我能行，加油！

今天我接受了两章，我要好好完成，争取多加分。《世界小史》，我要好好阅读这本书。

今天真高兴能在同学面前做事，我好开心！我还可以在同学面前讲PPT，好开心！

没有申报，选择退出的孩子，他们出于何种原因？

今天进行了《世界小史》汇报人的评选，我选了一个章节，后来想了想又退出了，因为我的表达能力不是很好，所以退出了，很遗憾。以后要多读书，读好书，增强表达能力。

我不想做PPT，是因为我的爸妈在晚上11点后才回来，所以我没有时间做。每天在家我还要做语数外三门各一张试卷，所以也没时间做准备。老师对不起，不做PPT是因为我没时间。对不起！老师。以后有时间我就做PPT！

还不是因为要求太高，让我喘不过气来，所以我才退出演讲。唉，真是太严格，太可惜了。

感觉《世界小史》的汇报很难，所以我就退出了，而且，老师让有的小朋友做3份呢！

今天我们都很开心！因为我们今天都要讲《世界小史》的一个章节。我不想讲这个，于是我就没报名！

我不想做PPT。是因为做PPT太难了，而且我学号是最后一个，得第一个讲。对不起老师！我也没时间做！对不起。

我今天退出是因为我没有书，不好做PPT。不过以后我要尽量多参加各种活动。

我今天本来想参加的，可一听老师说要做PPT，我们全家人都不会做PPT，所以我就退出了。

"我不想讲这个，于是我就没报名。"我特别欣赏这个孩子，不想就是不想，无需理由，不用道歉，不迁怒，不怪罪，这就是我的选择，我愿意承担相应的结果。学习如此，生活如此，这是个敢于担当的孩子。

当然，这些孩子放弃的只是分享的权利，汇报的义务则是每个人都要履行的，这才是真正的挑战。

4. 面对习得无助者

第二单元共有5课。"你们觉得阅读一课,需要多长时间?""2分钟。"我遵从民意,将计时器拨到了10分钟。这10分钟,就是让孩子们独立阅读第二单元,每课提出一个问题的时间。第二单元,我们已经绘制过单元概念图了。再次走进,是因为"学贵有疑"。教室里鸦雀无声,我没有巡视,更没有指导,只是站在教室一隅,静静地欣赏孩子或阅读或思考或奋笔疾书的姿态。

10分钟一到,所有记录本全部上交。课后,我进行了统计。

标准	人 数		
	甲班	乙班	丙班
每课一问	35	23	28
未达标	11	24	16

孩子所提的问题,具有思维价值的有多少呢?每课一问,5课,共5问。少一个问题,减1分;一个问题有价值,得1颗星。我以此标准,又对所有问题进行了逐一审视。

班级	人 数										
	5分	4分	3分	2分	1分	0分	−1分	−2分	−3分	−4分	−5分
甲班			1	2	12	20		3	3	1	3
乙班		1	1	2	8	11	6	1	1	6	10
丙班	1		2	6	6	13	3	4	1	2	6

Nuthall曾倾尽数年心血在课堂中听课。他认为有三种课堂世界:教师看见和管理的"公共世界"、同伴互动的"半私人世界"和学生精神上的"私人世界"。遗憾的是,大约70%的学生互动都不为教师所见或知晓。怎样才能

让课堂世界可见化,进而了解每一个孩子的学习方式,为其提供切实的指导,是我在教学中采用"记录本"的初衷。

刚刚10分钟的自主学习,让一群孩子进入了我的视野。他们并不是反抗者,也不是淘气包,但是透过记录本,可以看出他们根本没有投入学习过程之中。看上去他们身在课堂,看上去他们参与其中,看上去他们讨人喜爱,实际上,在我们的很多课堂中,他们不用针对另一种行动的利与弊做出认知决策,不用解释信息的复杂模式,不用做出困难的权衡。长期如此,他们就会被"落下",形成习得性无助。会的,只是听从:你让我怎么做,我就怎么做;你让我做多少,我就做多少。学习的火花开始熄灭。

这多么令人痛惜!

在约翰·哈蒂丽《可见的学习》一书中,作者总结了800多项元分析的结果,列出了138个影响学业成就的因素效应量,然后进行了排序,其中"学生期望"效应量是1.44(数值越大,对学业成就的影响越大)、"课堂行为"效应量是0.68、"自我言语和自我提问"效应量是0.64、"概念构图"效应量为0.60,远高于"减少干扰行为""竞争学习与个别学习""班级规模""家庭结构"等,因此,我将提问进行到底,努力点燃那群孩子的学习之火。

又是我的课。我请孩子们将自己得星的问题写在黑板上。黑板前聚集了黑压压一群人,孩子们有序地一字排开。很快,黑板上就写满了问题。

"今天我们就要来独立研究其中的一个问题。这个问题的选择权不在你们,而在每组1号同学的手中。1号同学可是重任在肩呀!你们确定的这个问题,是否更具研究价值,将直接影响本组的团体总分。"虽说由1号选择,但有些按捺不住的孩子已经在悄悄拽本组1号同学的衣角了。全班11个组,为了避免交叉,我建议1号同学最好选择两个问题,其中一个作为备选。

"请1号同学上台,在你选择的问题后面,写上你的名字。"很快,每个组都认领了一个问题。2分钟独立思考,5分钟独立分析。时间过得飞快。孩子们的大脑也运转得飞快。5分钟后,记录本直接上交。

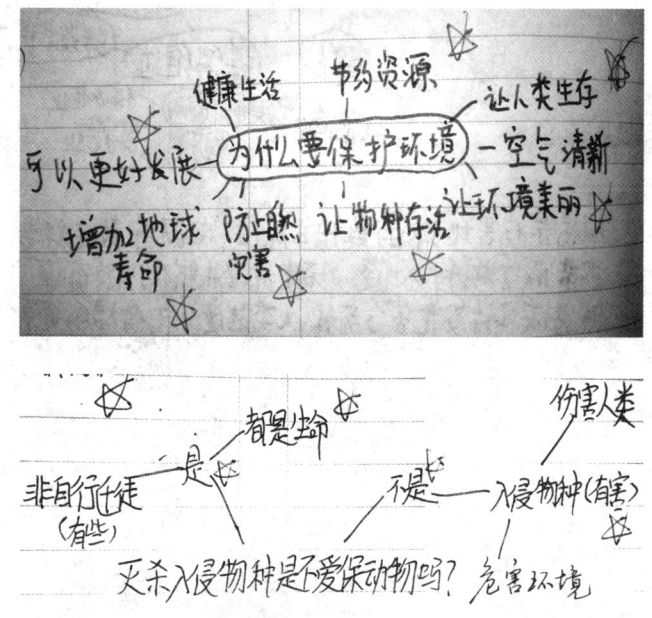

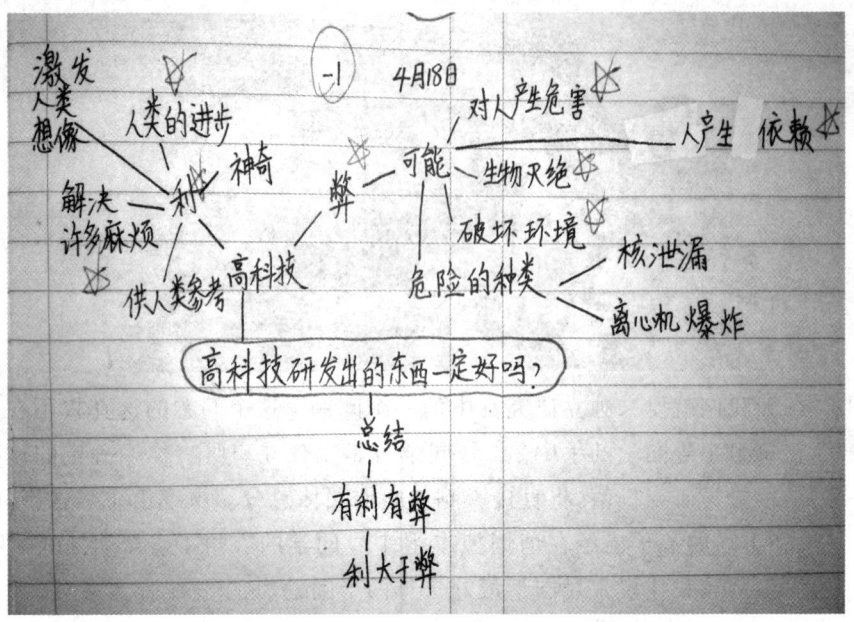

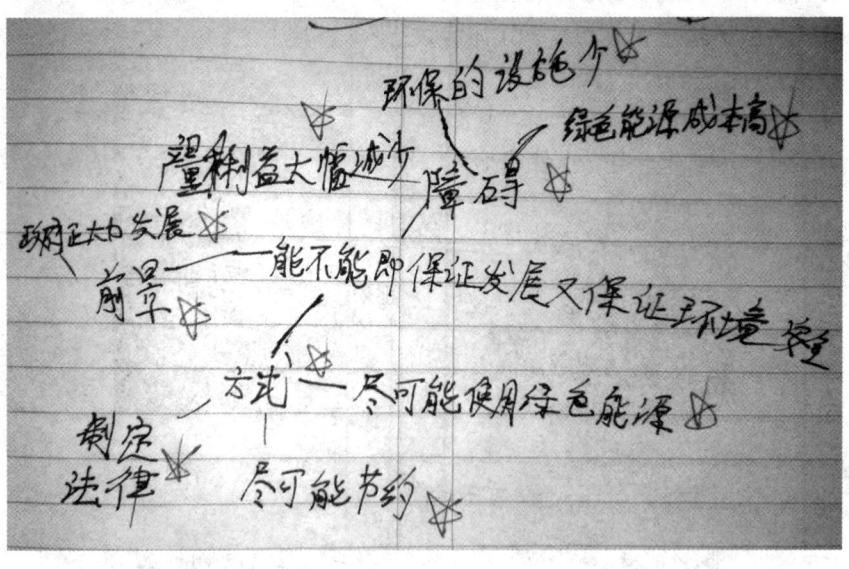

这次,情况如何?每有一点分析有理有据,得 1 分,以此类推。

班级	人　数				
	0 分	1—2 分	3—4 分	5—6 分	7 分以上
甲班	9	10	18	9	0
乙班	13	18	11	2	1
丙班	0	12	13	14	7

因为每个班提出的问题各不相同,每个组选择研究的问题也没有雷同,所以班级与班级之间没有可比性。我将班级提问、分析达标情况进行了统计,丙班情况最好。

标准	比　例		
	甲班	乙班	丙班
提问达标(每课一问)	76.1%	48.9%	63.6%
分析达标(3 分及以上)	58.7%	31.1%	73.9%

就学生个体而言呢?原先提问未达标的孩子,他们在分析环节,是否有改变?这些孩子是我要给予特别关心、创造条件努力助推的。

标准	人　数		
	甲班	乙班	丙班
从未达标到达标	6	6	11
都不达标	5	18	6

教师的作用是什么?我们应该帮助学生成为他们自己的老师。调查明确显示,当学生成为自己学习的老师时,他们便表现出自我调节特征,对自身学习产生的效应最大。因此,我们的"教"要让学生可见,而学生的"学"也要让我们可见。这样,才能帮助习得无助者走出迷茫,成为他们应该的模样。

5. 这就是我们的孩子

方法的习得一定得依托日积月累的实践。所以,进入第二单元,我还是放手让孩子们独立绘制思维导图。限时5分钟。计时器贴在了黑板上,这是一种无言的提醒。孩子们或奋笔疾书,或翻看查找,我只是在走道间一言不发地踱着步,没有给任何人任何一点帮助。他们只能靠自己,也必须靠自己。当然,不发声,不代表不存在,我在静静地观察,等会儿请谁上台板书呢?很快,我就确定好了目标。

计时器响起,我请了一对同桌。两个孩子要带书,被我阻止了:"就带记录本,本子上写了什么就板书什么。"好在班级中有不少古道热肠之人,纷纷上台救场。

我首先得表示感谢。如果没有他们的勇敢尝试,没有他们的大方贡献,没有他们的毫无保留,我真的不知道,孩子们已有能力究竟在哪里。毕竟大班教学中,最难做到的就是因材施教,但这又是我们必须做到的,唯有知晓,我们的教学才能找到起跑线。

好,下面这幅集体绘制的思维导图就是这节课的起跑线。

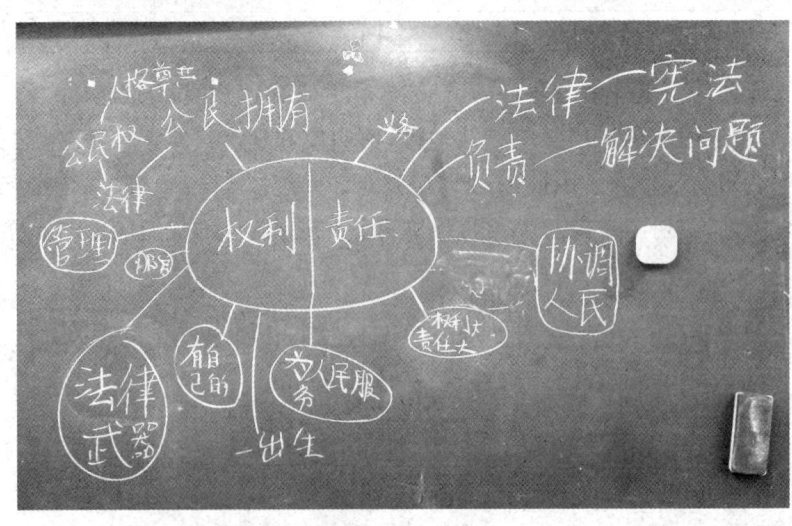

"你们有没有不同的意见?""我认为'权利大责任大'应该删去,因为本单元就是讲权利责任的,这个关键词太空洞了。"这一炮打得响!我满怀期待地等着第二炮、第三炮……可惜,教室里一片寂静。看来,他们是真的不知道该怎样寻找有效信息,换句话说,他们还没有带着问题去面对文本的意识。

没关系,我们一起来研究。"就以《汤姆叔叔的小屋》为例。"我随后报了一篇名著的题目,"你想通过阅读知道什么?"孩子们立刻活跃起来:"汤姆叔叔是谁?""他的小屋在哪儿?""他为什么要建小屋?"……根据孩子们的提问,我在黑板上写下了几个英文单词:Who、Where、Why、What。这些问题中,哪一个是我们构建思维导图时所需要的?当然是 What。什么是我们享有的权利?什么是我们应尽的义务?好,对照这一标准,再看思维导图。"'管理'删。""'法律武器'删。"……最后就剩下了"一出生"。"删?不删?"孩子们分成了两派。没关系,说理由。最终,"不删"方获胜:"一出生"必须保留,因为从出生那一刻起,我们就拥有了公民权利,书中《零岁的原告》就说明了这一点。很好,有理有据。

再给 5 分钟,我们而今迈步从头越。

这次,教室里寂静无声。我依旧在走道间来回踱着步。不该我出手的时候绝不出手。因为,路必须孩子们自己走,跤也必须他们自己跌。正所谓不经一事不长一智。

5 分钟结束,这次是孩子们主动上前的。经过 4 个孩子的精诚合作,思维导图经络分明。我对他们肃然起敬!这是一群多么了不起的孩子呀!

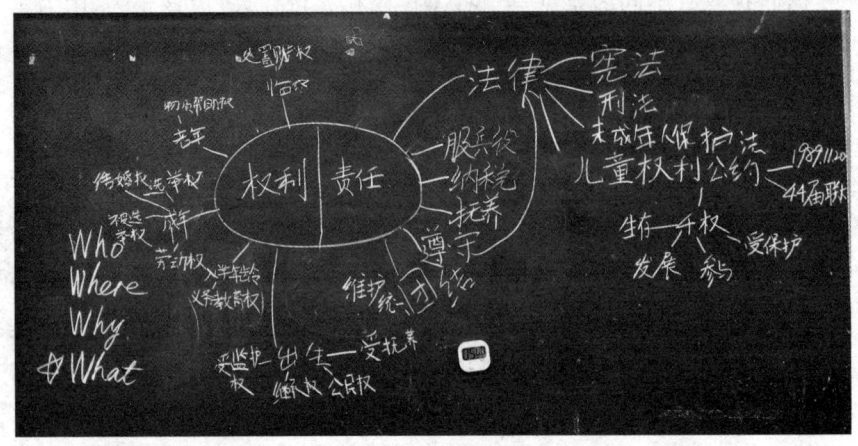

　　小杨同学竟然能够将不同年龄段所享有的权利归类呈现。小胡同学不仅写了书中提及的法律,还补充了自己知道的(很遗憾,因为交通安全法与公民权利责任无关,只能删除)。小丁同学则添加了与儿童有关的国际公约《儿童权利公约》。小王同学和小胡同学把公民的义务也梳理出来了。

　　不知大家有没有注意到"遵守"和"法律"之间的那个箭头?那是小胡同学画的,他解释了一下:"《中华人民共和国宪法》规定,我国公民的基本义务有遵守法律(这一条)。"豁然开朗吧。

　　后生可畏呀!能和这样一群可爱的孩子在一起,真是我的荣幸。

6. 每个孩子都是一座富矿

伴着下课铃声,从教室出来,我兴奋无比,更感慨万千。不是有这样一句话吗?"你给我信任,我还你惊喜。"当我们充分信任孩子时,就会发现,他们每一个都是一座富矿,一座蕴含着巨大宝藏的富矿。

先见森林再见树木。秉承着这一理念,开学初,我就让孩子们分组绘制了单元思维导图。那次,算是浅尝辄止。真正的交流,还得从正式进入单元开始。在第一单元的学习中,孩子们掌握了从单元题目的关键词入手,经过课题,再到课文的思维方式;而第二单元因为核心概念非常明确,探寻的问题非常清晰,我们便直接进入课文。

没有交流,没有碰撞,5分钟计时开始,孩子们根据各自的理解,独自绘制着。在我看来,只有自己拥有一个苹果了,方有资格与别人交换。因此,小组交流、全班互动,一定得建立在独立思考的基础之上。时间到,我随口报了三个学号:7号、17号、27号。这三个孩子竟然是前后座!通过投影,他们逐一进行了展示。

展示的目的绝不仅仅是上台分享,每一个孩子的思考都是弥足珍贵的资源。我将这三份思维导图分别标上了序号:"你喜欢哪一份?请举序号。"教室里小手如林,很多孩子选择了2号和3号。我们就来仔细瞧瞧吧。

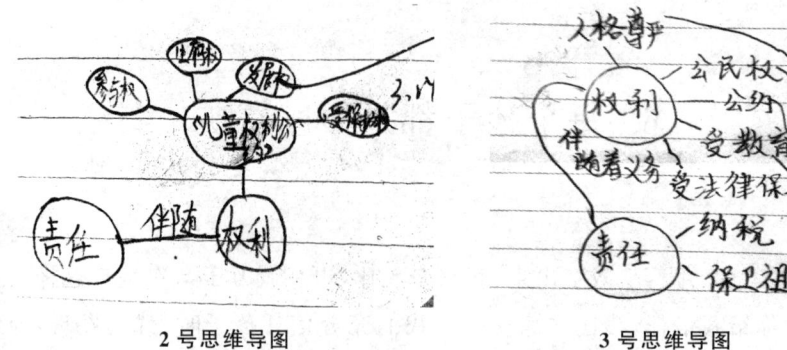

2号思维导图　　　　　　　　3号思维导图

"2号最大的优势是什么？""他发现了《儿童权利公约》。"一点儿不错，2号能够胜出就是因为他不仅找寻到了相关法律，还把其中最为重要的四个权利提取了出来。"他理清了权利和责任之间的关系，权利伴随责任，责任也伴随权利。"不仅如此，权利和责任还伴随人的一生，可谓"一语双关"。

3号思维导图明显比2号要复杂，它的优势又在哪儿呢？很多孩子都被"权利"部分吸引了，只有一个孩子另辟蹊径："他找到了两个责任：纳税、保卫祖国的义务。"当然义务还不仅仅是这些。不过，3号已经开了一个好头。

多并不一定代表好。面对那么多的权利，我们究竟该如何下笔呢？我还是退在最后，把孩子推上前台："有没有同学和3号不同？"有个孩子怯生生地举起了手，好，掌声欢迎，上台分享。

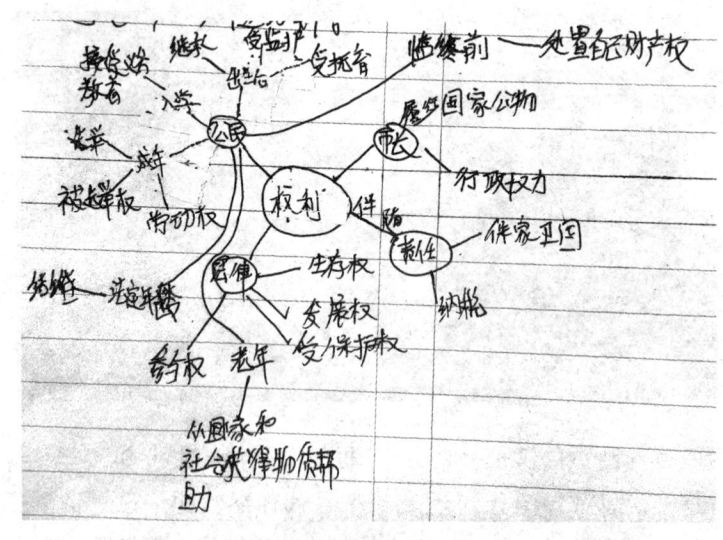

图1

思维导图(图1)在大屏上一展示出来,我都被震撼到了!"你们有什么发现?"孩子的眼睛还是非常雪亮:"她写出了什么时间享受什么权利。"高手在"民间"呀!智慧在"民间"呀!我不禁为孩子们的出色研讨而欢呼!

又给了5分钟,孩子们继续独立绘制,他们有的在原图修改,有的另起炉灶。教室里静悄悄的,掉一根针的声音都可以听见。而此时,思维正以迅雷不及掩耳之势运行着。计时器铃响,他们意犹未尽:"老师,再给几分钟吧。"好,那么投入,我怎忍强行中断,再给5分钟!整整10分钟,没有一个孩子有一分钟的浪费,每一秒钟,对他们而言都是弥足珍贵的,他们与时间赛跑,他们远超分秒。计时器铃声再次响起,下课铃也随后响了。孩子们的状态如何,就让我到办公室再通过记录本逐一触摸吧。在思想面前,我会忽略书写。

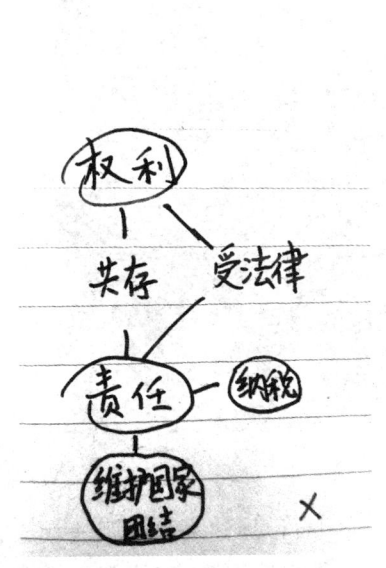

甲同学第 1 稿

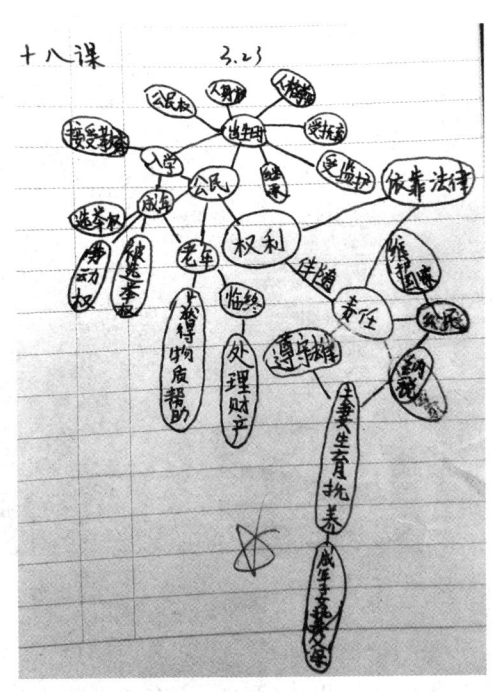

甲同学第 2 稿

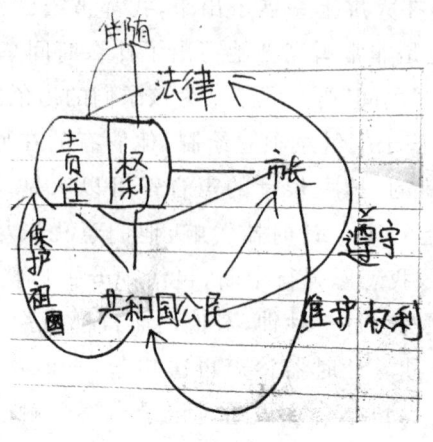

乙同学第 1 稿

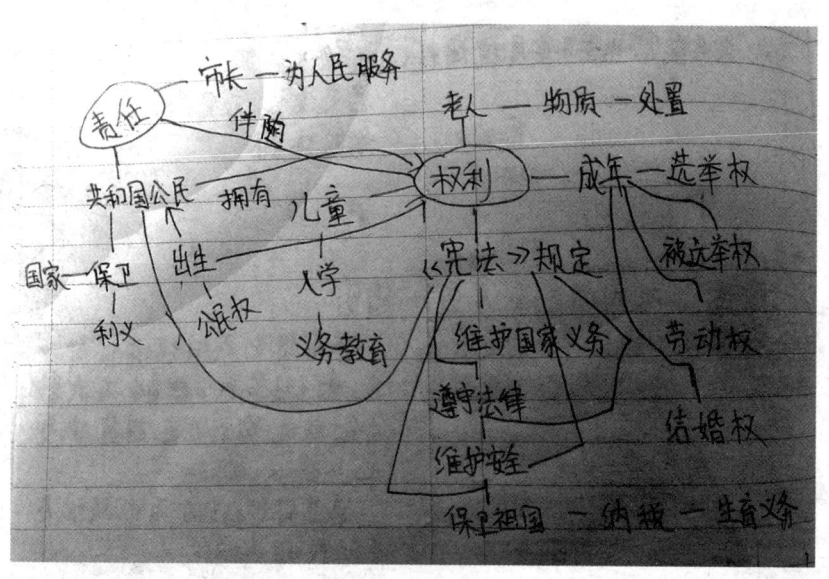

乙同学第 2 稿

每一个孩子都是一座富矿,有的是露天矿,明眼可见,这类孩子很快就在团队中脱颖而出,光彩四溢;有的在浅表层,很快就能探测到,实施开采也非难事;而有的则深藏于地下数百米,可能一般的钻头都无法触及,需要我们锲而不舍,向下向下再向下,这个过程自然是非常艰辛枯燥的,但是当发现矿源的那一刻,所有的付出都是值得的。而探寻的过程,不也是我们自己精进的过程吗?

7. 感念她的变化

这个女孩,高大清秀,坐在后排,上课或是不声不响,或与同桌小声交流,至于是否与课堂有关,我就不得而知了。从每次上交的记录本看,她的听课效率并不高,甚至可以说令我担忧。

孩子大了,不是谈谈话就能轻松解决问题的。课上,我开始有意识地找她了。

给孩子们10分钟时间绘制单元思维导图,为了让每一个人都投入,开始之前,我就有言在先:等会儿展示,由我来邀请。果然,这一要求让他们谁都不敢懈怠,纷纷埋头速读,奋笔疾书。

闹钟响,时间到。我邀请了一组孩子,其中就包括她。其实,是因为她在这组,我才邀请的。孩子们已经养成习惯了,宁缺毋滥,前面的同学汇报完,后面的同学只补充,不重复;只说自己不同之处,不去纠结孰对孰错。

该评议了,我继续把孩子们推至前方。"你觉得哪位同学的思维导图对你有启发?"孩子们畅所欲言,但仔细听听,评价基本惯性:好学生受好评,而内容却较为空洞。按照事先提炼的三个步骤,我让他们逐一评价:从单元入手的、分类精准的、抓住关键词的。评价也是修正偏差、强化正确的一种方式。

很快,我就把焦点汇聚到她的身上:"有一位同学的分类值得推荐。"顿时,大家议论开了。当我说出她的名字时,连她在内,全班孩子都睁大了眼睛:怎么会是她?竟然会是她!当然,我不是信口雌黄,而是有根有据,我再次展示了她绘制的思维导图,引导大家共同学习。

此事也就这么过去了。

但是下一节课,再下一节课,她变了。以前从不举手的,现在举手了,而且频率还挺高;以前记录本上"惜字如金",现在不仅动笔了,而且还写得像模像样;以前根本就别想找到她的眼睛,而现在随时随地就可找到,更重要的是,她的眼睛有了神采。

看着她悄然绽放,我自然高兴。

2016年第19期的《读者》上有一篇文章叫《想起那个叫霞的同学》。主人公也是一位女生,这位女生就因为被同学栽赃而走上了歧途。那个真正的小偷,却因为罪行未被发现而逃过一劫,从重点大学毕业后在北京一家重要机构工作。"一个转笔刀,改变了一个人的人生轨迹!"作者以此为开篇。文中,作者分析:"尊严,就是一个人的人格和权利被尊重。心理学家认为,就价值取向来说,最重要的莫过于尊严,它比金钱、地位甚至生命都更重要。因为尊严是立身社会的精神支撑,是一个人能够走多远的前提。当尊严被尊重时,才会为自己的人生奋斗,个人的潜能才能发挥出来,才活得体面。而一旦尊严丧失,就如同脊柱折断,想站立而无力;当行为不被人们肯定时,就会破罐子破摔,做事、做人就没有底线了……'人活一张脸,树活一张皮。'说的正是这个道理。"

面对每一个孩子,让他们活得有尊严,何等重要。

与大家共勉。

8. 提升我们的高度

我特别喜欢探寻现象背后的根源,特别喜欢听孩子们说。

期末检测结束,我继续上课。首要任务:3分钟时间,写写你在此次检测中的感受。同一张试卷,在不同的孩子眼中,感受各不相同。

有认为难度一般的,也有苦不堪言、"感到无比崩溃"的,有孩子连补救方案都想好了。

考的面很广,不局限于书本知识。这要求我们要在生活中多了解世界各地的新闻、事件。考的面很全,全书知识全在考点之中,能考出真水平,但难度一般,不是很难做。

一个字,难!(对于我来说)很多的地理知识我都不知道,很少去看电视了解新闻,都是在做作业!所以我觉得我考不好,难!

考试之后,我感到无比崩溃。试卷很难,但课上有的是讲过的(占97%),恐怖!如果上课无比无比认真的同学,他一定能"有所成就"!

有认为无需复习的,也有认为需要复习的。

我觉得其实上课认真听就都可以填出来,不需要再回家复习,几乎所有内容都在思维导图里,就算没听清回家也可以复习,所以试卷不算很难。

考试不算难,但也不好准备,就是考查平时学得扎不扎实。4个思维导图,要把细枝末节都复习到是不大可能的,但是,只要平时扎扎实实地学,上课积极思考、发言,便不难考到好成绩。如果平时不扎实,靠临时背诵,是记不牢也记不长久的。

有感觉良好,成竹在胸的,也有慨叹时间不够的。

这次测试,我发现珍惜时间很重要。时间一分一秒度过,很快就到了,若不争分夺秒,你就来不及写了,所以分秒必争的人可以完成,也不会考得太差。

考试内容不太难,主要考的是课本内容和其他一些知识。考试主要以自己的看法为主，只要有自己的见解就行了。没什么生僻的知识。

有只发感慨的，也有自觉启动"倒逼机制"的。

这次检测我觉得题目十分灵活，考的知识面十分广。并且书上所有的知识基本都考到了。有些题（如最后一题）我看到后愣了几秒钟。

考试的内容灵活性很大，要我们时刻留心发生的大事及一些常识，而不是"死学"书本知识，有些内容要我们注意听每一节课，听大家的讨论（简答）。

自我分析时有笼统，一带而过的；也有的根据不同题型提出了未来学习计划的。

这次考完品德课期末考试后，我觉得有一些地理题复习还不是太到位，地理地形题我觉得有一点难，下次要多复习。这次复习我是分重点复习的，以后特别要记一些数据、日期等，这些很重要。以后思维导图我还要更全面地写内容，不然有些没有写到，复习很麻烦。

这次检测给我的感受是：1. 光学书上内容仍不够，要去关心国内外大事与时政，多听新闻。2. 上课时记录本一定要好好记，跟着老师的节奏走，认真听讲，这样第 4 页简答题不用再去复习也可答出。

还有几位，以专业人士的视角评点了此张检测卷。

我认为这次考试较有趣味性，中英文搭配，使人意想不到，让人回味无穷，本次地理题较多挺好。

我觉得比较不错，考得应该还行，总而言之，试卷上的题目没有太多超纲，一切都在预料之中。我也希望我能考好一点，争取能在 90 分以上。另外，简答题出得很好，连线题也不错。我再说一句，试卷出得很正式、有风格，很好！

反躬自省，反求诸己，只有强大的人方能如此，孩子们正在积蓄内心的力量。

我一直在思考我们与儿童的关系。如果没有儿童，那么，教师这个职业就不可能存在，父母这个称谓也就不可能诞生。可以说，我们与儿童是休戚与共的，缺一不可，唇亡齿寒。但，两者之间，也还是有主次之分的。谁应该站在正中央？

当然是儿童，他们应该居于核心地位。因为我们是为他们服务，为他们的人生奠基的。那么，作为教师，作为家长，我们为什么仍需努力？牛顿说："我是站在巨人的肩膀上。"我们就是孩子脚下的那个人。当我们长成巨人，站在我们肩头的孩子才能看得更远。因此,家庭的高度、教师的高度,不仅决定着孩子的起点,还决定着他们的高度、速度、向度。我们如此重要,怎敢懈怠,怎能不加倍勤勉?

孩子们充电的时候,也是我们充电的最佳时期。准备看些什么书?准备精进哪些爱好?准备和孩子探讨哪些话题?为了让孩子们站得更高,我们得首先提升自己的高度。

9. 提问—回答

我从小就爱看《聪明的一休》，尤其喜欢那一声清脆的"回答"，面对形形色色的"提问"，一休总能想出解决的办法。

课堂也有"提问—回答"环节。就像是约定俗成一般，提问成了老师的"专利"，回答必是学生的义务。于是，师生之间的关系非常微妙，学生不知老师会问什么，只有几位"好事者"会转转小脑袋瓜子猜测一下；老师则是按照自己的思路设计问题，而这些问题，孩子们是否早已理解，却不在思考范围之内。一来二往，大家也相安无事。老师的问题自然会有学生回答，课堂也挺热闹；至于大部分的孩子，他们也乐得清闲，反正老师的问题一定会有同学回答的。回答完毕，课，也就继续推进了，这问题、这课，与我何干？该忙什么，就继续忙什么；该想什么，就继续想什么。

教了二十余年书，我越来越胆怯，越来越不敢提问了。尽管之前，每学期初，我都会请孩子们质疑，多年下来，也累积了许多问题，可我根本就不敢把这些问题拿出来。原因很简单，时代在飞速地发展，现在的孩子已经远比过去的孩子见识广、底蕴厚，怎能用过去的船票登上这艘艘新船呢？

于是，在绘制了单元思维导图之后，我放手让孩子们质疑："第一单元有4课，每一课，你有没有亟待解决的问题？"考虑到时间关系，为了去芜存菁，我请孩子们每课最多提一个问题。呈现形式，继续用思维导图。

课后，我进行了学习和梳理，孩子们提出了不少问题，大致可以分为三类。

• 延展类——由教材延展出去的问题，与本课关联度不大，如长江三角洲地区为什么是最大的综合性工业基地？麦哲伦是怎样航行的？为什么中国商品畅销全球？网络是怎样上传信息的？等等。

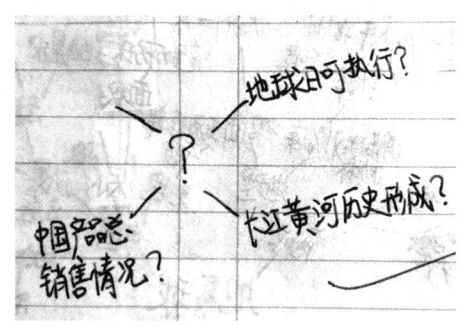 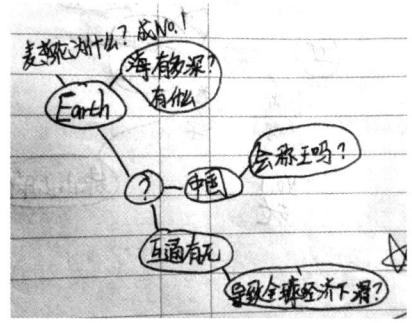

• 知识类——可以通过查找资料得到答案,无须课堂讨论。如大海有多深?长江、黄河是怎样形成的?谁创造了网络?等等。

• 探究类——通过研究,有助于达成本课教学目标。如为什么麦哲伦是环球第一人?中国经济下滑,会导致全球经济下滑吗?为什么不能取缔网吧?怎样避免网络的害处?网络是拉近还是疏远人与人的关系?孩子为什么喜欢玩电脑?网游能禁吗?网络的利和弊分别是什么?怎样避免网络诈骗?

问题产生了,谁来解决?当然还是孩子们。为了让每一个孩子都能找到自己的存在感,我没有立即开展小组活动,而是以小组为单位,确定一个研究问题,所有孩子独立研究,思考的过程用思维导图呈现。通过思维导图,我发现了诸多亮点。

亮点一:站在不同利益相关方的立场,从多个角度思考问题。

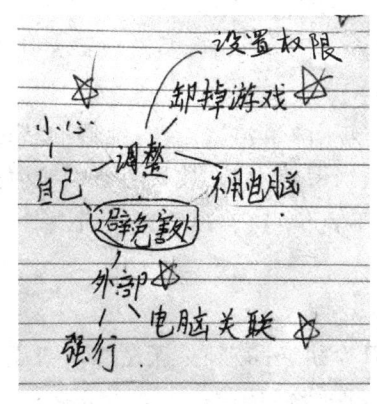 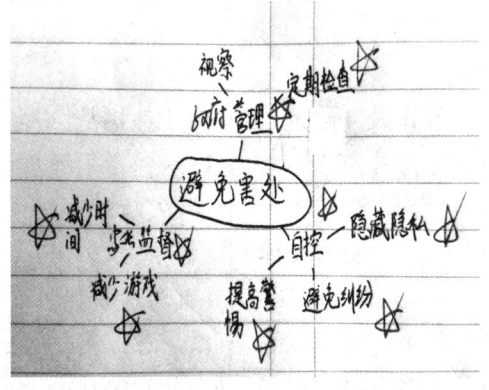

就避免网络的害处,一个孩子是从自己与外部两个方面寻找解决方案

的：自己——设置权限、卸掉游戏、小心；外部——电脑关联。另一个孩子从三个利益相关方入手：政府管理——定期检查；家长监督——减少时间、减少游戏；自控——隐藏隐私、避免纠纷、提高警惕。

亮点二：从正反两方面思考。

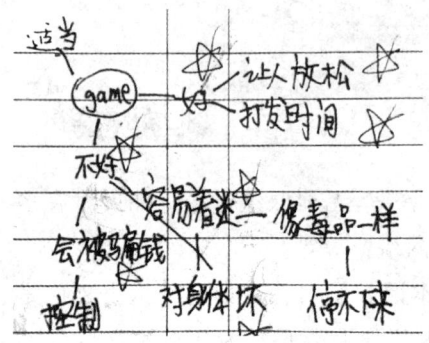
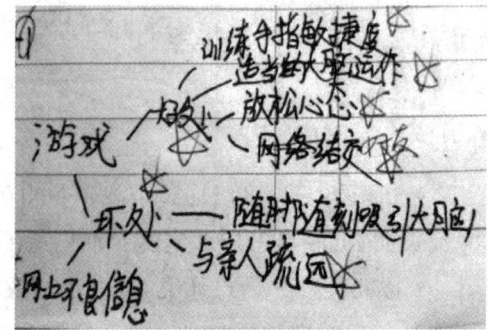

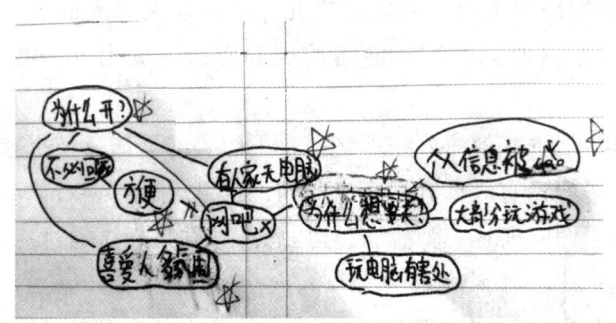

由"网吧能否取缔"，这个孩子派生出两个问题：为什么开？为什么要关？各有道理：开——方便、喜欢人多的氛围、有人家中无电脑；关——个人信息容易被盗。

都是研究网游，很多孩子都是从"好"与"坏"两个角度思考，他们的结论可以互为补充：好处——锻炼手指敏捷度、适当锻炼大脑、放松心态、结交好友、打发时间；坏处——与亲人疏远、网上有不良信息、容易着迷、会被骗、长时间使用电脑对身体不好。

亮点三：将心比心，具有同理心。

很多时候，我们之所以一意孤行，就是因为缺乏同理心，无法感同身受，总是站在自己的立场，以自己为中心，自然无法理解、体谅他人。由此做出的决定当然差强人意、难以服众。

网吧是否取缔,有一个孩子认为与学生有关:那么学生为什么会进网吧呢?他认为有两种可能性:该——家中无条件;不该——躲避亲友。

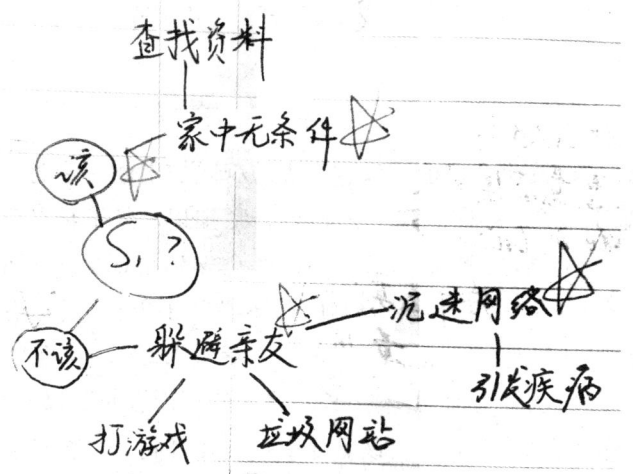

韩愈《师说》中云:"弟子不必不如师,师不必贤于弟子。"当我们把提问的权利还给每一个孩子,当我们把回答的权利还给每一个孩子,教室中的每一个人就都成了"主角",学习便成了他们的必需。此时,我这一教师,可有可无,如果说,有点存在价值的话,那就是搭建"提问—回答"中间的桥梁,让其没有任何阻碍地传递、交流、碰撞,在这一过程中,每一个孩子都在各尽所能追求最高境界,在我眼中,他们都是"卓越"的。

10. 我,就是一座桥

"师者,传道授业解惑也。"韩愈先生的《师说》中此句最为经典,说出了我们教师的职业使命。"解惑",当今社会,传播知识已经不再是学校的专利,万能的"百度"一上场,几秒钟就搞定了。韩愈先生也认为教师的主要任务是"传道"与"授业"。"弟子不必不如师,师不必贤于弟子,闻道有先后,术业有专攻,如是而已。"闻"道"在先,以"先觉觉后觉";攻有专"业",以"知"教"不知"。如此说来,能者为师,教学相长。我们便更没有必要以己为尊了。

那么,作为教师,我们究竟该是什么?这几日我一直在忙着梳理材料,让孩子们将想对家长说但又没对家长说的话写成文字,我逐一拍下,点对点发送。我就像一座桥,横跨在孩子与父母之间。

孩子想说的没有大话,都是一些小事:有的希望父母多陪陪自己,有的希望自己独立完成事情,有的说了自己做的错事,有的对家长的教育方式提出自己的意见,有的向父母表达歉意……可就是这些看似端不上台面的小事,却压在心口难开。这说明了什么?

这次让孩子们写几句心里话,再让他们给家长看,往小里说,是一次实践活动,往大里说,就是一次亲情的考验。敢与不敢、说与不说、看与不看,尽在不言中。

其实,这次发送,就是希望让家长能透过这短短的几句话,重新认识正在长大的孩子;就是希望能够以此为契机打开孩子的心门,走进孩子的内心世界;就是希望每一个家庭都能相亲相爱,彼此关怀,彼此体贴,彼此谅解。

现在,开门很难,而关门就在一瞬间。

我一直非常钦佩我们的老祖先,"乐极生悲""否极泰来""祸福相依""物极必反",他们早已参透所有事物都具有两面性。但凡是能够收到我发送的信息的家长一定要偷着乐。别小看这开头的称呼:"爸爸""妈妈""爸妈",当孩子下意识写信给你时,就已经把你当成他们最信任的人、最亲近的人、最想以心换心的人。能得到这么崇高的地位,怎能不仰天长笑。

而现在,困惑孩子的都还是一地鸡毛,如果现在孩子就不敢、不想、不说,那么,未来遇到更多的困扰,他们还会第一时间向家长倾诉吗?家长还有可能在第一时间就掌握孩子的动向,并给予他们最需要的帮助吗?而那个被捅出的篓子只会是越来越大,大到难以收拾吧。因此,这个时候,如果我们没有趁"虚"而入,如果我们煞有介事地找孩子谈心、为自己辩解、继续将意志强加于他们身上,那么,我只能深表遗憾了。

现在的孩子真的不能小觑。有孩子写道:"妈妈,你能不能不要老是用玩电脑、玩手机的奖励方式来让我好好表现?"我们的教育方法是不是已经开始跟不上他们成长的脚步了?五年级的他们已经拥有自己独立的思想。有孩子写道:"学习成绩真的就是第一位的吗?还有更重要的呀!""我其实一点都不想做有权有势的人,我只想做一个每天都很快乐、能照顾你们、经济状况不错的人。其实当好学生、优秀的人很累。"我们是不是有种"长江后浪推前浪"的感觉?

教师,就是一座桥。我们是学习方法与孩子之间的那座桥,我们是家长与儿女之间的那座桥,我们站在当下,是过去与未来之间的那座桥。要成为一座合格的桥梁,唯有贴着儿童、贴着生活、贴着阅读不断飞行。

11. 你是要鱼，还是要渔？

说来也好玩，我们和"鱼"较上劲了。"你是要鱼，还是要渔？"我话音刚落，孩子们就笑倒了一片。当然，我说这话，一定是有所指的。

之前"共度时光"都是按两个步骤开展的：分享与汇报。分享的孩子提前做好PPT拷进电脑，一上课就开讲，顺风顺水。而汇报的孩子可就要大费周章了，他需要通过实物投影仪将自己绘制的思维导图投放到屏幕上，才能向大家做介绍。这学期，我来到了前楼，这里全部使用iPad，根本就没有实物投影仪。而我又要全程摄像，根本忙不过来。怎么办？突发奇想，请汇报的孩子直接上台板书。这下，不仅能看到他思考的轨迹，而且可以让其他同学借鉴、比较。

没想到，如此实施，效果甚佳。台上站着两位孩子，一人动嘴，一人动手；一人照本宣科，一人苦思冥想；一人气定神闲，一人聚精会神。可喜的是，因为台下的孩子全程旁观了绘制，提前进行了思考，所以，互动交流的时候，也就能直指要害、一语中的了。

而我，则会在孩子们汇报后，根据黑板上的思维导图进行修改和完善。结果，有趣的场景出现了：一看到我动笔了，孩子们纷纷拿起笔，埋下头。按理说，我应该高兴才对，多好学，多勤奋！然而很遗憾，我非但没有表扬，反倒提出了这个问题——"你是要鱼，还是要渔？"。

这句话的出处，孩子们并不知晓，但是听我一说，也能猜出两个字的不同："前一个鱼，是吃鱼的鱼；后一个渔是打渔的渔，渔夫的渔。"这是什么意思呢？"与其给你鱼，不如教你怎样捕鱼。"一点儿没错，这"鱼"，是现成的结果，那"渔"，则是取得这一结果的方法。"今天，我在，我能把鱼送给你吃；明天我不在了，你还有鱼吃吗？同理，今天，你能照着我的板书抄；明天，我不写了，你还会吗？因此，此时此刻，开动脑筋、积极思维才是上策。你要去琢磨，我补充的信息重要吗？老师为什么这样修改？我能找寻出什么规律吗？"当然，我所提及的这些，对于10岁左右的孩子来说，要求还是挺高的。但至少，要引导学生积极参与,而不是原样照搬。相比后者而言,前者是很辛苦的,也是极具挑战的,而学习不就是攀登的过程吗?

著名数学家华罗庚小时候的才华并不突出,别人用一天时间学完的东西,他要学好几天。但是他对此并不抱怨,而是坚持把问题弄得一清二楚,把需要记住的东西全记下来。奇怪的是,过了一段时间,别人几天才能学完的东西,他用一天就能学完,而且掌握得比别人更好。这让我想起了一篇文章的题目——"容易走的都是下坡路"。

就学生而言,如果一节课下来,感觉轻松自在,神清气爽,从另一个角度是不是可以追问:我做过思维体操了吗?我真的完全掌握了吗?我的能力得到提升了吗?

要想得到"渔",真的不会那么轻松,它需要勇气,需要恒心,需要挑战自我,需要……

第二篇 『渔』胜于『鱼』

"渔"胜于"鱼"——思维可视

1. 让思维尽量可视化

其他老师看到我抱着一摞本子,都很好奇:"品德课也有作业?"是的,每接一个新班我都会给孩子们发一本本子,作为我们的记录本。记录本上课前发,下课后收,从不带回家。它有多重作用:记录上课发言加分,记录课堂感言,而我最看重的是,它能使每一个孩子的思维可视化。

第一节课,我就跟孩子们说,知识就是一棵大树,相互之间有着千丝万缕的联系,当我们揭示了它们之间的关系后,举一反三、触类旁通就成为可能。但是怎样才能让他们真切地感受到这一点?第一节课,我就把思维导图推介给了孩子们。很高兴,每个班都有孩子曾经使用过它。

思维导图,好像是个学术化的新鲜事物,之前我都是带领五、六年级孩子使用的,四年级的孩子能掌握吗?我决定放手一试。

首先提出阅读要求。上节课,我跟孩子们讲解《世界小史》分享、汇报的规则,其中,分享的第一步就是"读、画"。读,读书;画,画出关键内容。这是我自己的阅读习惯,也是众多学者论证并提倡的提升中高年级学生阅读素养的重要方式。若想真正将这一阅读方法融入每个孩子的习惯系统,成为他们"快思考"中的一部分,就必须勤加练习,一以贯之。我拿出了自己的"法宝"——计时器。计时阅读,边读边画。这是上课的第一个环节。

第二个环节,也是本课教学的重点,就是思维导图的绘制提示。我请孩子们把书翻到目录,先整体浏览一下本册教材的架构,然后聚焦第一单元。"我给三个提示。"我在黑板上画了一个圆,"这里写什么呢?"有孩子站了起来:"写第一单元的标题。""为什么?""因为第一单元是围绕这个主题写的。"棒!这就是第一个提示。

我在这个圈周围又画了几个圈,并用线把这些圈与中心圆连了起来:

"这是什么意思?"又有孩子站了起来:"是写这个单元的课题。"棒!这就是第二个提示。

第三个提示,我写在了黑板上:≤6。还是有孩子起立:"少于等于6。"这是一种解读。"不能超过6。"同样的意思,换一种说法,更加简洁明了。"6,指什么呢?"我用粉笔依次点了几个空心圆。"每个圆圈里不能超过6个字。"棒!这就是第三个提示。我以课题为例,让孩子们一起尝试减少字数。

"10分钟计时开始。不说话、不停笔、不抬头。"粘在黑板上的计时器立刻运转,时间无情地流逝着。我在教室中巡视,只看不说。

孩子们首次绘制的单元思维导图是怎样的?我分成了三个层级,并进行了统计。

第一层级:小迷糊。很遗憾,这些孩子在这节课中,收获甚微。有的是从课文入手,绘制了一课的思维导图。有的完全脱离教材,按照自己的想法绘制。

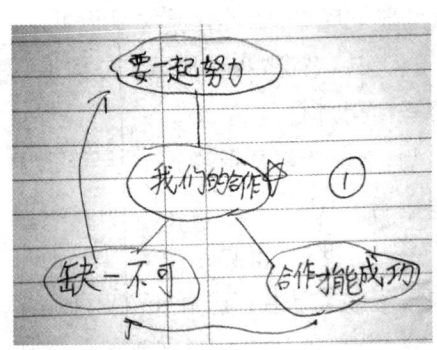 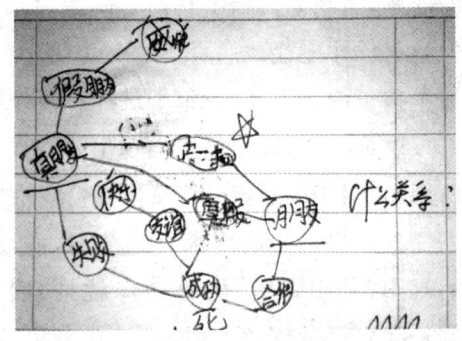

班级	人数(得分3分以下)	比例
甲(46人)	13	28.26%
乙(46人)	22	47.83%
丙(49人)	3	6.12%

第二层级:"搬运工"。顾名思义,就是将书中的内容原封不动地搬到记录本上,这些孩子需要表扬的是,之前思维导图的绘制提示,他们听清了,也听懂了,已经了解了最基本的单元与课文之间的关系,有的孩子还能初步涉及课文中各环节的逻辑关系。

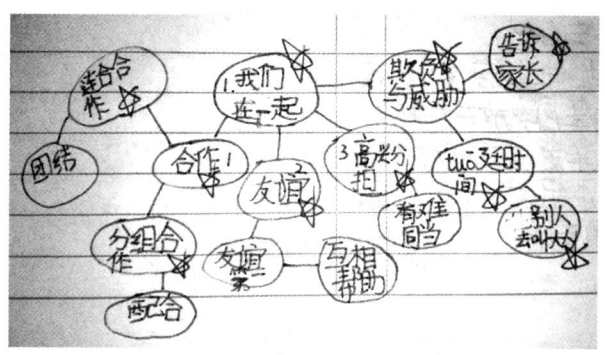

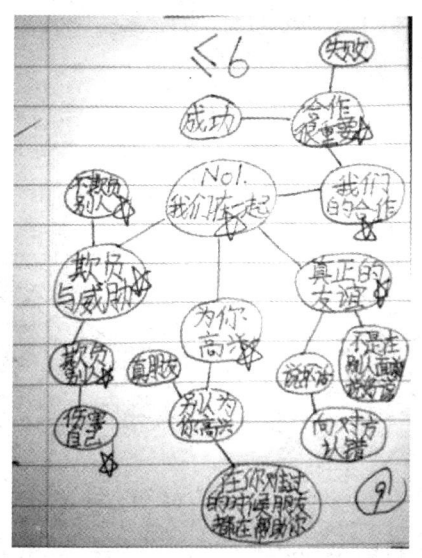

班级	人数（得分3~9分）	比例
甲(46人)	25	54.3%
乙(46人)	23	50.0%
丙(49人)	32	65.3%

第三层级：小能人。这批孩子相当了不起，他们不仅能从整体上准确把握，对于每一课的内容还进行了细致的梳理，有的还提出了自己的主张。透过思维导图，可以看出他们拥有较强的学习能力，初步建立了属于自己的知识体系。

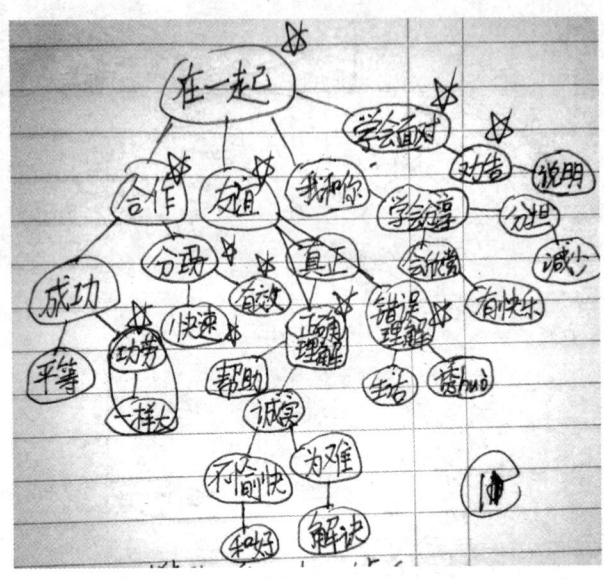

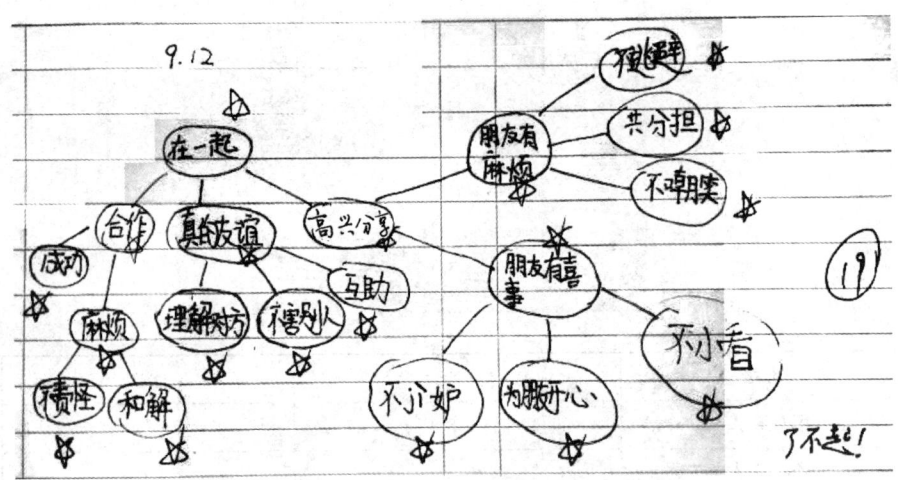

班级	人数（得分 10 分及以上）	比例
甲（46 人）	8	17.4%
乙（46 人）	1	2.2%
丙（49 人）	11	22.4%

为什么我努力让孩子们的思维可视化？

思维能力是学习能力的核心，思维能力发展不起来，学习必然会越来越吃力。可以毫不夸张地说："思维比知识更重要！"离开思维，知识就没有生机，学这些"死知识"的过程就是在机械重复地"死学习"，所以必然是枯燥的、低效的、令人厌倦的。更糟糕的是"死学习"会使孩子们长期处于"浅思考"甚至"不思考"状态，反过来，又会导致思维能力发展受阻，这样便进入了不断加剧的恶性循环。因此，提高学习效能的关键并不在于"重复的次数"，而在于"挖掘与呈现知识背后的思维规律"，只有这样，孩子们的思维能力才会在学习的过程中得到有效发展，他们对知识的理解也会更深入、更透彻、更系统，从而进入会学、乐学的良性循环。

　　翻阅桌上的记录本，统计相关的数据，我还是有一丝隐忧。有个别孩子只字未写。看不到他绘制的思维导图，我就无法了解他当前思维的发展状况，对他的指导更无从入手。没有什么比自我放弃更让人惋惜的了。我安慰自己，刚刚起步，还有希望。

2. 思维导图，从何入手？

不动笔墨不读书。第一遍单元阅读，我请孩子们圈画关键词。随后，依据这些关键词独立绘制思维导图。时间5分钟。

计时器一开启，教室内鸦雀无声。

5分钟一到，全班停笔。"下面就需要请同学来展示汇报了。"我的目光看向何处，何处的眼帘就低垂了下去。我知道，时间这么短，很多孩子还未完成；我也知道，第一个吃螃蟹的人，失败概率非常高。自告奋勇者，看来难觅。没关系，孩子们都有学号。

"5号。"对于我这个只教了一学期、每周只有两节课的老师而言，压根儿就闹不清学号和人之间的关系，完全就是随口一报。各班的状态各不相同。有的班，一报到学号人就上去了，虽然不是"大义凛然"，但精神可嘉。有的班，报到学号后，孩子站了起来，不过就是不上："我还没有画完""我还没有准备好"。"我欣赏你的失败，但我不允许你放弃。"很高兴，过了一会儿，先前不肯上台的学生主动申请上台分享了。有的班，报到学号，这孩子就站着，一言不发。我便随口报了下一号，没想到，两个孩子同组，阅读内容相同，"你上，还是他上？"我把皮球踢给了前者。面对竞争对手，他毫不犹豫，带着记录本上台了。其实，当上台分享成为常态，也就好了。

有了之前"学生课程"的经历，孩子们对于上台分享已经驾轻就熟了。每个班的电教委都会娴熟地调试好展台，做好后勤服务工作。每个上台分享的孩子汇报结束都会习惯性地邀请大家点评，而每位点评的同学发言也有固定程式：先说优点，给予肯定；再提建议，帮助完善。我要做的，就是举着手机拍摄全程。孩子们对此也都已习惯了，他们已经无视我的存在了。而这，正是我所希望的。我希望他们在课堂上充分地展开同伴之间的对话，希望自己不凌驾于他们之上，希望他们能自我反省，看到自己坚实的前进步伐。

每个孩子汇报一个单元，大家的评议也快结束了。通过交流，我发现了问题：思维导图，从何入手？

我将刚才上台分享的孩子的记录本留了下来，全部展开通过展台逐一呈现："有没有发现，她的思维导图有什么特点？"虽然同在一间教室，同是一位老师，儿童之间的学习成效却各不相同，而这稍有悬殊的知识层次，不正好可以利用其落差，形成一股冲击波吗？作为教师，我们所要做的，就是发现这一强大的力量，让能力由此传导，让知识由此习得。果不其然，马上就有孩子心领神会了："她的关键词好像是从单元题中提取的。"是不是呢？不着急，我们一起来看目录。拿到书，先看目录，是"先见林"的重要方法。两相对照，孩子们恍然大悟，原来，思维导图的核心关键词就在单元题中，也就是说，单元题已经用短短几个字概述了本单元的主要内容。好了，围绕着这个核心关键词，教材是通过哪几课来讲述的？于是，由此生发出来的就是课题中的关键词了。那么课题与课题之间是什么关系？并列？递进？包含？孩子们讨论得热火朝天。而点燃他们思维火炬的，就是先行掌握的同伴。重要的是，他们的交流没有任何超越、竞争的火药味，而是亦友亦师，单纯，和谐。

再来看另一个班的情况，另一个班因为之前已经批改过记录本了，所以，就请打星的孩子上台分享。再根据他的思维导图寻找：我们能从中学到什么？

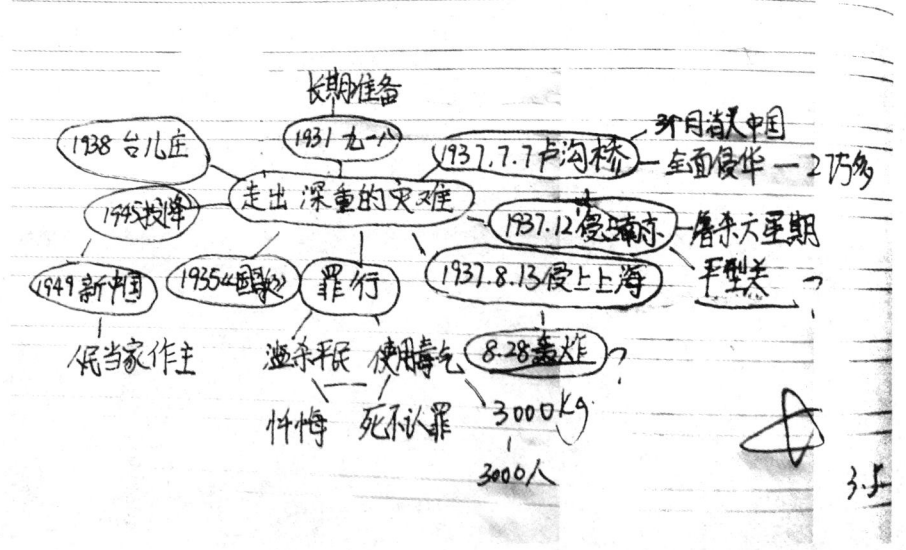

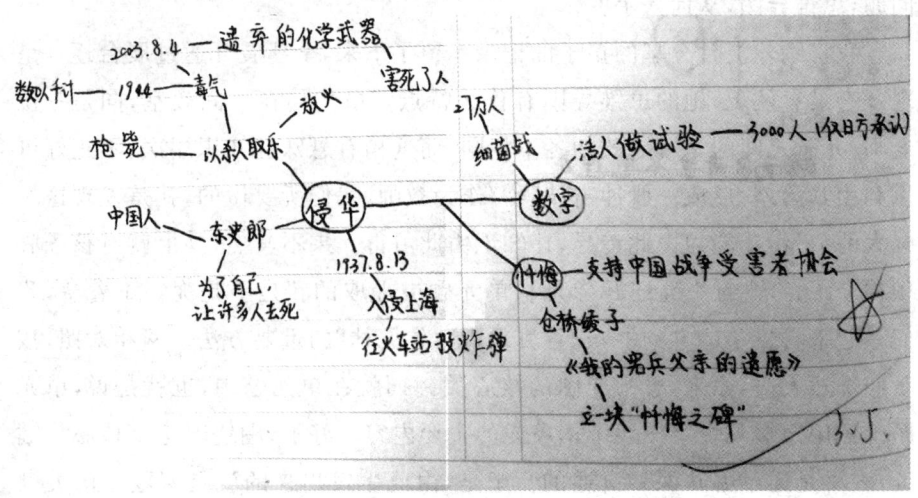

　　一节课的时间匆匆,太匆匆。下节课,我们再来修正各自绘制的思维导图,慢慢来,我们一起慢慢来。

3. 归类，是"七寸"

要说这几年教育领域的流行语，"核心素养"一定榜上有名。2016年9月，《中国学生发展核心素养》终于正式发布了。

中国学生核心素养发展，以科学性、时代性和民族性为基本原则，以培养"全面发展的人"为核心，分为文化基础、自主发展、社会参与三个方面。综合表现为人文底蕴、科学精神、学会学习、健康生活、责任担当、实践创新六大素养，具体细化为国家认同等十八个基本要点（如下图）。

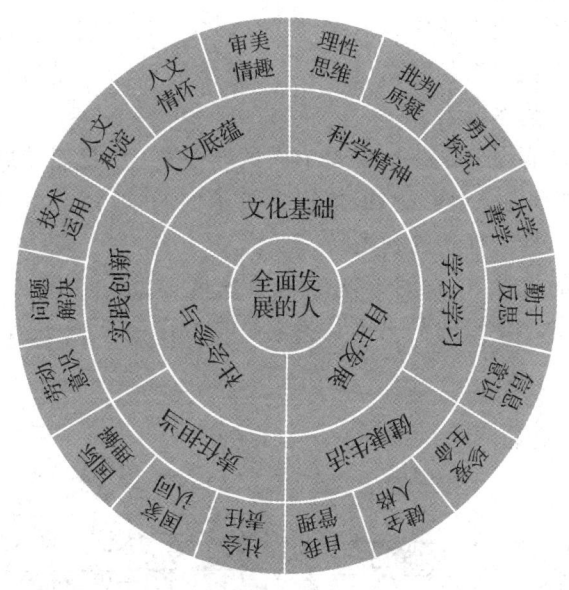

《中国学生发展核心素养》框架图谱

之所以如此关注这张图谱，是因为这些素养是儿童应具备的、能够适应终身发展和社会发展需要的必备品格和关键能力。换句话来说，这就是我们家庭教育、学校教育的目标，是我们必须抵达的目的地。

而这一切的达成，都有赖于我们每一天、每一时、每一刻的坚定行走。

与其他学科不同，小学的品德学科对应着中学的道德与法治、历史、地理等学科，不难看出，内容烦琐，涉及面广，零星化、细碎化的现象比较突出。正因如此，更需要、也更利于我们采取系统化的学习方式，在有限的时间里建立知识框架结构。而这一过程，就是形成"学会学习"素养的必经之路。

打蛇，打七寸。那么在系统化的学习过程中，什么是"七寸"？通过课堂实践、课后反馈，我深切感受到，"归类"是系统化学习的"七寸"所在，如果突破了这一瓶颈，学习能力立刻得以大幅提升。

说到归类，大家并不陌生。语文、英语的检测中，经常出现分类的题型；奥数的学习也是以分类方式进行的，每次讲解一类题目，就是为了举一反三；甚至在日常生活中，整理房间、服装搭配、家庭装修……都离不开归类能力。

它之所以如此重要，是因为回到思考的原点，就是寻找事物间的内在联系，而事物间的内在联系，就是对事物进行合理归类。我们观察事物，完成任务，解决问题，绕不开就是分类，这一事物属于动物还是植物？这一任务我做过还是没做过？这一问题属于哪一类型？等待分好类别，然后就可以触类旁通。这远比就事论事要简单得多，高效得多。可以这样说，归类，不仅与定位、结构、寻找全息关系相联系，还与所有思维的反馈相联系，归类的能力是构成思维能力的基本要素。

认识到思维能力的最终呈现是个人的归类能力，我们就应该在学习中、活动中、生活中创造一切可能，锻炼提升孩子们的这一能力。这就是我采用思维导图这一工具最朴实的初衷。

而孩子们的成长，也在悄无声息中，渐次展开。

小潘同学今天介绍的是日本。我随机选取了4个孩子当堂绘制的思维导图。

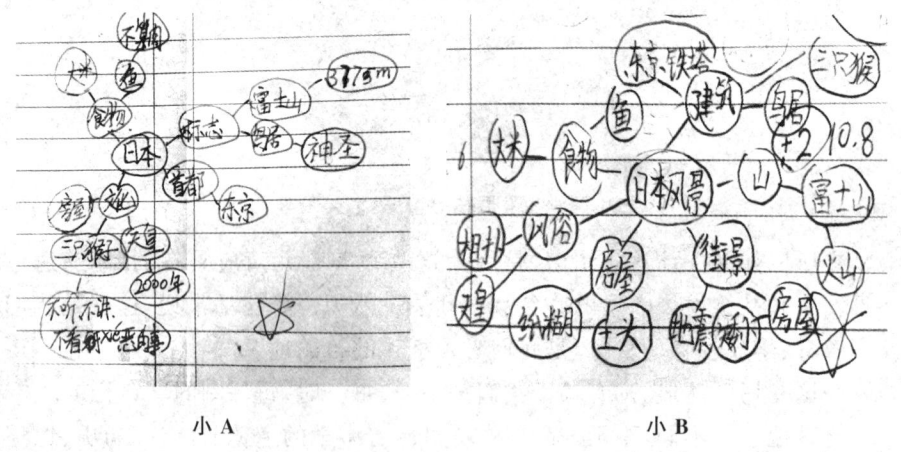

小 A　　　　　　　　　　　　　　　　小 B

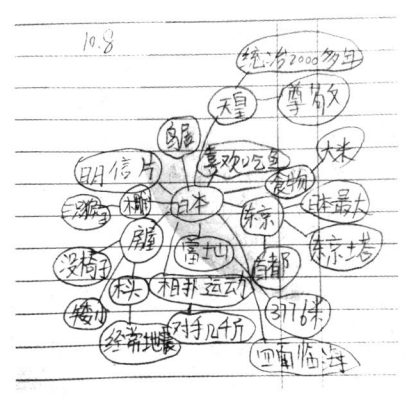 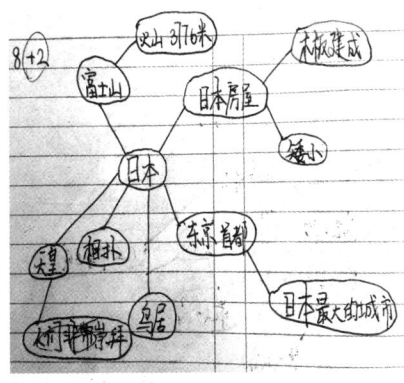

小 C　　　　　　　　　　　小 D

小 A：

主题——日本

一级分类——标志、首都、文化、食物

小 B：

主题——日本风景

一级分类——建筑、山、街景、房屋、风俗、食物

小 C：

主题——日本

一级分类——喜欢吃鱼、食物、东京、富士山、房屋、木雕、明信片、鸟居、天皇

小 D：

主题——日本

一级分类——日本房屋、首都东京、鸟居、相扑、天皇、富士山

小潘的介绍都是从具体的事物出发的。如果把小 C 和小 D 的思维状态称为初级阶段的话，小 A 和小 B 已经能够在听到具体事物的同时有意识地将其归类，他们明显高出一筹，领先一步。当然，这与 4 个孩子平日课堂的参与度有着直接的相关性。不管过去怎样，现在行走在路上，是最重要的。

"道生一，一生二"，"道"是万法归宗，其中蕴藏着明显而深刻的"归类"思维。当我们从形而下的具体现象中抽取出隐藏在"背后"再"背后"的一致性，我们就可以发现，原来任何规律都不过是对于事物之间的联系的描述。

回到之前提及的核心素养，培养理性思维，从"归类"能力的锻炼入手，是一条捷径，也是一条艰难的任务之旅，尽管这条路可能也会走得很缓慢，但我依旧充满信心。

4. 断·舍·离

六年级下学期,是孩子们在小学的最后一学期了,我和他们相处也只剩下最后4个月了。我可以尽自己所能,让他们带些什么离开母校呢?毋庸置疑,当然是学习方法、思维方式。

开学第一课,我完全放手:"请大家绘制第一单元的思维导图。"随后,就把时间全部交给他们了。教室里一片寂静。

为什么要这样做?

从近处说,孩子们马上要升入中学了,课务增加不说,各门学科的要求也提高了,小学还只有语数外是书面考核,进入初中后,地理、历史、道德与法治等诸多课程也都需要书面考核。面对蜂拥而至的变量,有一个永恒不变,那就是时间。每个孩子每天都只有24小时,这时考验的就是学习方法了。什么样的学习方法会使学习效率更高呢?惠普前女总裁卡莉·费奥瑞纳在其自传《艰难的抉择》中提及,在斯坦福大学,她的专业是中世纪历史。她最喜欢上的是一位研究生毕业才两年、性格豪迈的年轻男教授的课,这门课需要每周读上百页的中世纪宗教著作,然后把这些内容用两页纸的篇幅提炼出来。她说:"这需要剔除内容中所有的水分,浓缩到只剩下精华。"而这样的训练,不单单是在中世纪历史这门课中,不单单是在斯坦福大学,也不单单是在国外学习中。这种有效的、经过实践检验的学习方法,是普适的,能为孩子即将到来的初中学习助力。

稍远一些说,美国最新的《州共同核心课程标准》,为阅读、写作、听说和语言学习各个领域勾勒了相应的学习标准。写作标准的第二个方面是"研究以建构和呈现知识"为目的。其具体要求是:聚焦一些具体的问题,展开研究,最后能展现出对这些问题的理解;能从各种纸质和电子资源中收集相关信息,评估各种信息来源的可靠性和准确性,能整合这些信息;能从文学类或信息类文本中获取证据来支持分析、反思和研究。在这里,写作是学习、思考和研究的必要途径,目的是建构和呈现学习结果。因此,美国孩子从小学就开始学习什么是事实陈述,什么是观点陈述。我国的教材事实陈述与观点陈述交织在一起,你中有我,我中有你,而绘制思维导图必须提炼事实,摘取观点,与其坐而论道,不如亲身实践。

更远一些,不知大家是否听过"极限民"。这一词源自英文的minimalist,意为"极简主义者",又称为"极限民"。"极限民"不是让自己过上"勒紧裤腰带"的穷苦日子,而是让物品发挥最大的价值,卸下无端消耗自己人生的包袱。其倡导者安得烈·海德就只拥有15件物品。不知大家是否关注过Facebook的CEO马克·扎克伯格和已经去世的苹果公司的创始人史蒂夫·乔布斯的着装,他们的着装数十年不变。扎克伯格说:"我尽量不做任何对社会毫无贡献的决定。其实这是基于心理学的理论基础的。每天决定吃什么、穿什么这类小事,不断重复就会消耗能量。在日常生活的小事上消耗能量,会令我感觉到自己没有在工作。只有提供最高的服务,将十亿以上的人联系起来,才是我应该做的事。"这也是许多大品牌的设计理念,如苹果、无印良品……不知大家是否知晓"断舍离",这是日本收纳女王山下英子提出的理念。"断"就是断绝想要进入自己家的不需要的东西,"舍"就是舍弃家里到处泛滥的破烂儿,"离"就是脱离对物品的执念。这一思潮是否能为我们的学习所借鉴呢?毕竟,简约是复杂的最终形式。

为什么有底气做?

正面来说,从五年级接班开始,我们就一直在做。目前是第四个学期了。我对孩子们的能力有信心。从另一方面来说,时不待我,如果此时再不进行独立训练,我将延误孩子们的成长,愧对他们。

下课铃响,我将记录本如数收了上来,逐一批读。第一单元共4课,教材为787×1 092(毫米×毫米),1/16开本,32页。孩子们需要将这么多的内容整合为一面。他们记录本中的内容呈现如下:

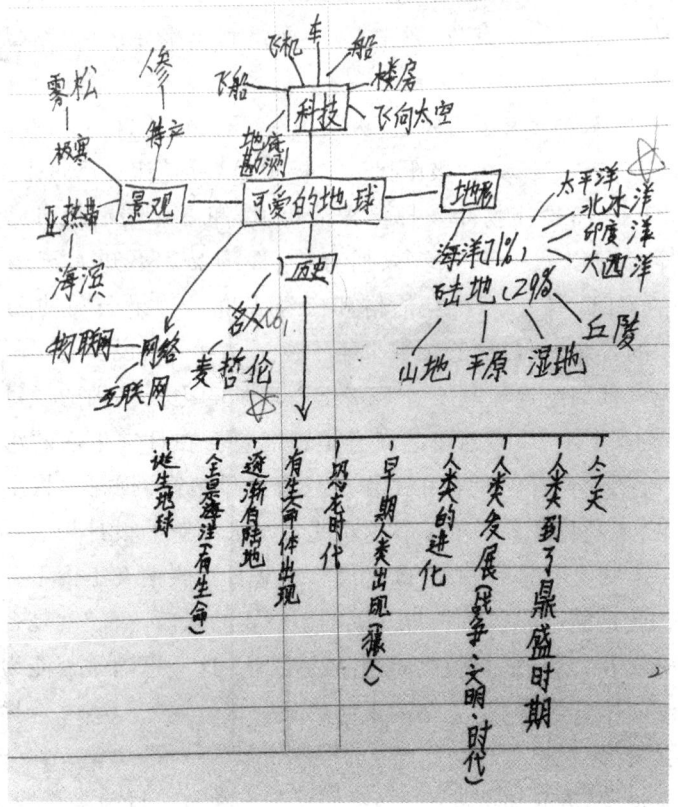

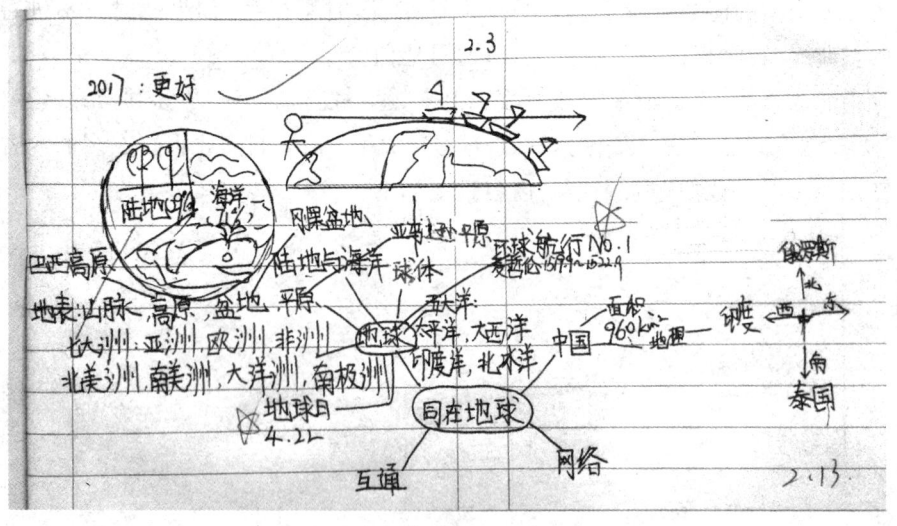

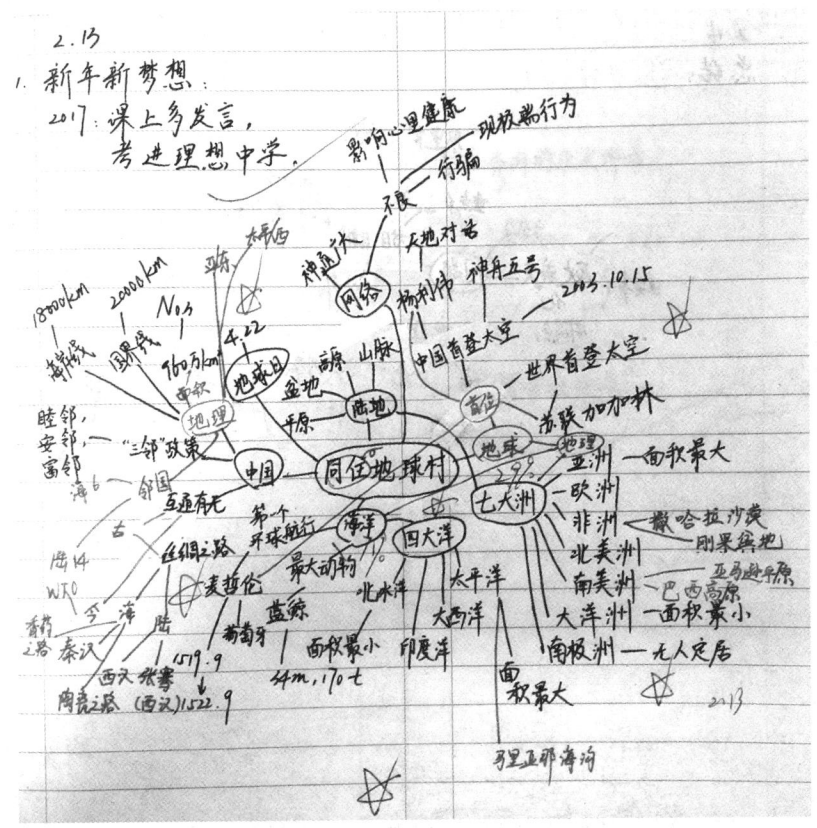

寻到一处重点即得一颗星,以此类推,能寻到2~3处为及格,4处及以上为优秀。三个班总体情况如下:

得分	甲班(42人)		乙班(47人)		丙班(44人)	
	人数	比例	人数	比例	人数	比例
-1(未写)	2	4.7%	4	8.5%	1	2.3%
0	3	7.1%	2	4.3%	2	4.5%
1	5	11.9%	13	27.7%	9	20.5%
2	15	35.7%	10	21.3%	20	45.5%
3	9	21.4%	7	14.9%	8	18.2%
4	4	9.1%	8	17.0%	3	6.8%
5	4	9.1%	2	4.3%	1	2.2%
6			1	2.0%		

不用着急,我们有一个学期的时间训练,我对孩子们充满信心。

第二节课,我们进行了分享、修改和完善,对照修改后的思维导图进行自我总结。我依旧请孩子们用思维导图的方式进行表述。

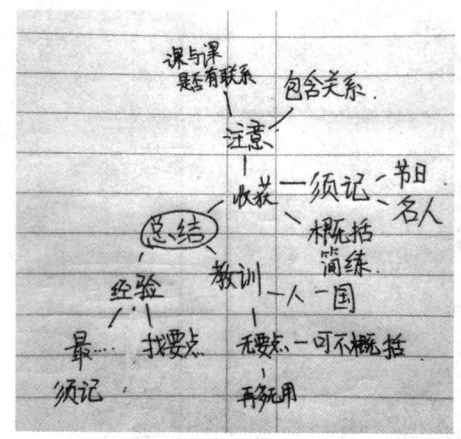
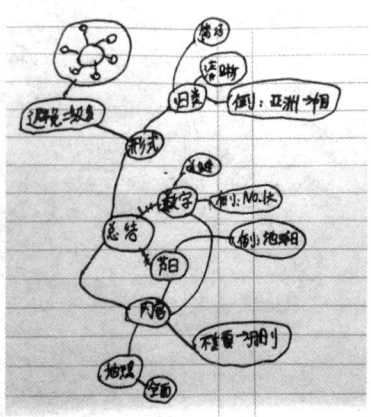

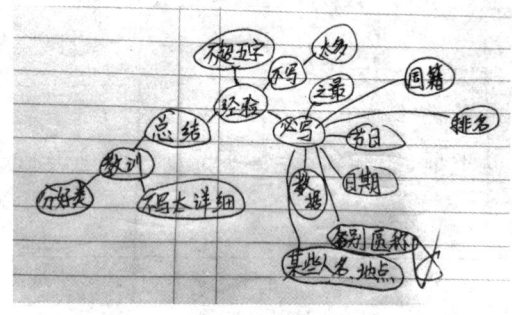
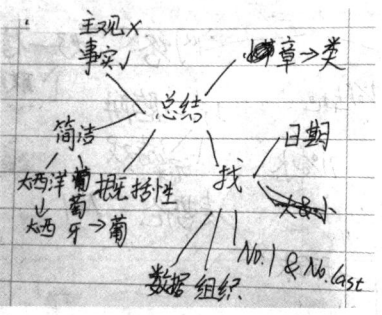

重新审视儿童与教学的关系,儿童不需要的坚决断绝,与教学内容无关的形式坚决舍弃,脱离"多即是好"的执念。我也在断舍离。

5. 一黑板的符号

跳过六年级上册第三单元"外面的世界怎么样",我们直接挺进第四单元"我们的生活不一样"。之所以这样安排,是因为第四单元以祖国为主,第三单元是世界各国,如此调整,顺应儿童生活场域不断扩展的特点。

和之前一样,我们从单元入手。孩子们独立绘制单元思维导图。他们已经能够比较娴熟地运用之前所教的方法:根据单元题目确定主题、根据课题明确分类。至于寻找关键词,则见仁见智了。在10分钟独立绘制期间,三个班级的课堂上,我各请了一位孩子上台板书。我们的深入研讨,就由此生发开来。

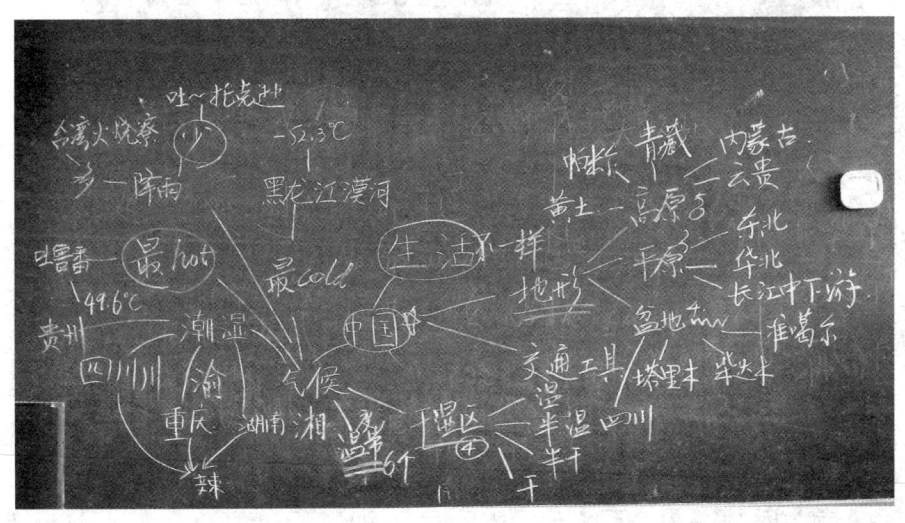

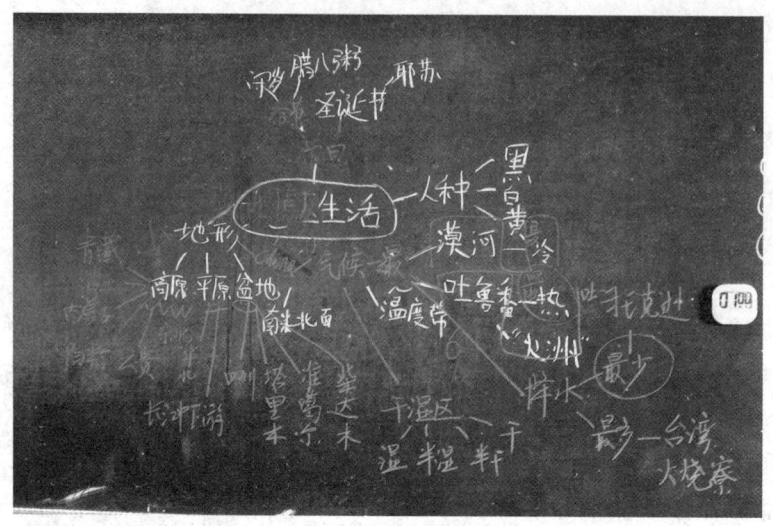

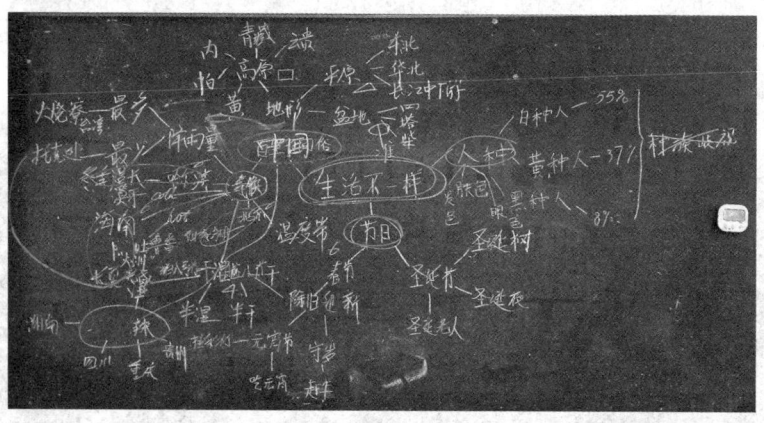

比较三个班最终的思维导图,我们能看出,本单元"春节和圣诞""人种有不同"两课,孩子们都能驾轻就熟,"不同地区 不同生活"最难。的确如此,这一课所要达成的课程标准是:了解我国不同地区自然环境的差异,知道并理解这些差异对人们的生产和生活方式的影响。看似是一句话,其实是两个目标点,前为因,后为果。不仅不可偏废,而且顺序都不能颠倒。为此,这一课的信息量非常大,为了让孩子们了解我国不同地区的差异,光图就配有三幅:中国地形图、中国干湿区分布图、中国温度带划分图。

这是孩子们首次接触这三幅重要地图,未来,他们还会在中学深入学习。作为小学阶段,又是品德学科,我该怎样定位这部分知识?首先,这三幅图都是为生活服务的,一定不能为图讲图,上成纯粹的地理课;其次,这三幅图又得让学生读懂,尤其是中国地形图,最好能借助某种手段,能让学生在头脑中形成中国地形的大体轮廓。无论哪一点,都是挑战。

绘制思维导图,只是帮助学生了解中国地形和气候特点。地形抓住平原、高原、盆地等知识点;气候抓住两幅图和"中国之最"。这些都是书中传递的资讯,提纲挈领,一带而过。向学生稍微渗透一点地形分布规律。借助中国地形图,孩子们马上就找寻到了中国地形的特点:西高东低,平原集中在东部,盆地和高原在中西部。

难点的突破在第二课时。

课间,我在黑板上画了一堆符号。教学目标能否达成,就全靠它了。

这堆符号看似杂乱无章,其实都有讲究:方块表示平原,三角表示高原,圆圈表示盆地。这个阶段,科学学科也在学习中国地形,两相合力,加之还有这堆符号,孩子们很快就将中国主要地形全部回忆出来了。"到中国地形图中寻找东西走向、南北走向的山脉,用线条表示出来。"这一要求是书中没有的,要求不高,难度不大。在大家独立寻找的时候,我请了两个孩子上台板书。他们不用写字,只要用线将山脉标出即可。一人负责东西走向,一人负责南北走向。3分钟用时结束,我们共同交流。中国南北走向的主要山脉分别是:长白山脉、大兴安岭、太行山脉、武夷山脉、横断山脉、台湾山脉;东西走向的主要山脉分别是:阿尔泰山脉、天山山脉、昆仑山脉、祁连山脉、秦岭、阴山山脉、喜马拉雅山脉。

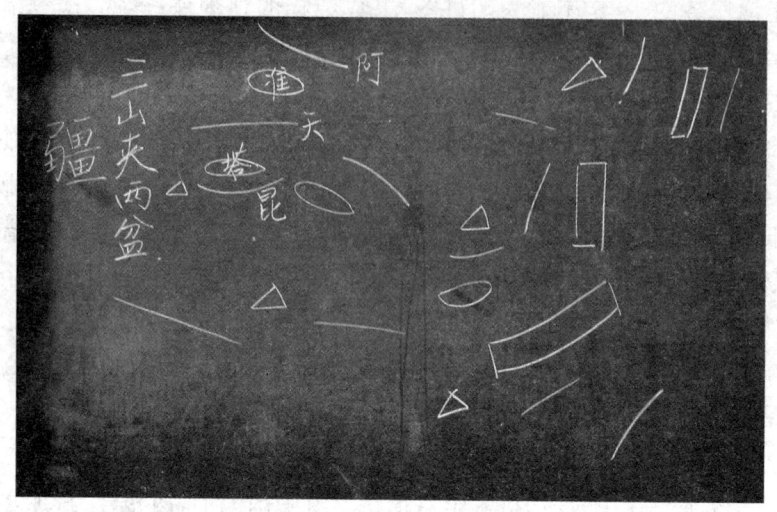

为什么要了解这些山脉呢？这是为"不同地区 不同生活"这一课内容做准备的。"请大家对照着黑板上这幅我们绘制的简易地形图,研究一下干湿区分布,你们有哪些发现？"按照惯例,独立思考、小组研讨、全班交流。孩子们各抒己见。有的发现位于浅表层面：南北走向的山脉都集中在中国东部,而东西走向的集中在中西部；有的则发现了结合的端倪：南北走向和平原都在东部。但这还都属于照本宣科,并没有将地形与气候联系起来系统思考。只要耐心等待,就会有收获。终于有孩子发现了："我国西高东低,水往低处流,西部的水都流向东部了,东部水就多,西部水就少。"听了之后,我像发现了新大陆一般,高度肯定了他的思考与发现,"他是从中国地形的角度思考气候的,我们能不能站在海洋的角度思考呢？"立刻就有孩子顿悟了："海洋吹来的暖湿气流被南北走向的山脉所阻挡,加之我国地形西高东低,因此,难以深入内陆地区。"谁说我们的孩子没有一双发现的眼睛？

有了这样的了解,对不同的饮食、不同的建筑、不同的文化的理解也就顺理成章了。

上课,不仅仅是要达成教学目标,还可以更好玩些。我把孩子们的目光引向了中国西部："阿尔泰山、准噶尔盆地、天山山脉、塔里木盆地、昆仑山脉,正好,三座山脉,两个盆地,这就是我们新疆特有的'三山夹两盆'。所以,你们看,新疆的疆,右半边,也是三山夹两盆。"教室里笑声一片。

与孩子们一起探索,实在是妙不可言的经历。

6. 外面的世界怎么样?

"外面的世界怎么样"这一单元由 4 课组成:"跟着唐僧去西游""金字塔下留个影""奥林匹克的故乡""我要做志愿者",分别介绍了印度、埃及、希腊以及世界其他各国。和之前从单元入手绘制思维导图不同,这一单元,信息量巨大,我放慢了脚步,一个国家一个国家逐一了解。

"跟着唐僧去西游"是开篇第一课。"我们要了解一个国家,可以从哪些方面入手?"孩子们立刻给出了不少建议:"地理位置""地形特点""文化""历史""民俗"……我逐一板书在黑板上。"10 分钟阅读,绘制。"教室里鸦雀无声,孩子们时而翻阅时而书写,安静的时空中,眼脑在高速运转。还剩 2 分钟了,"欢迎同学们选择其中一点,上台板书。"孩子们陆陆续续走到黑板前,拿起粉笔,有的还搬了板凳。

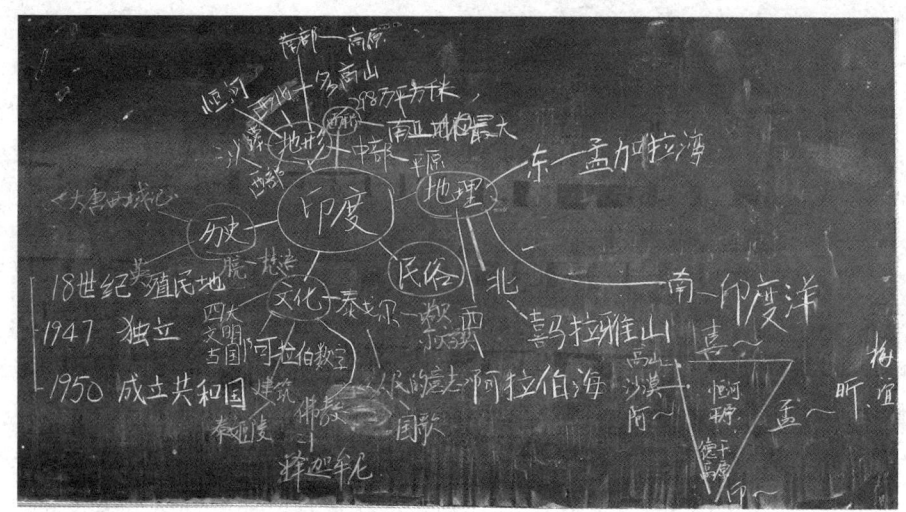

时间到,开始全班交流:"对同学们合力绘制的这张思维导图,有没有什么调整建议?"课堂上,我的话越来越少,孩子们已经完全可以独当一面了。他们讨论了"地形"与"地理位置"的不同:"地形是指地表的形态,而地理位置是指这个国家在地球上的位置。简单点说,地形是内,地理是外。"不得不惊叹于孩子的甄别能力。"298万平方千米应该属于面积。"归类能力也不差。"'南亚'出现了两次,一处是地理,位于亚洲南部;另一处是面积,南亚最大。因为南亚就是表示亚洲南部,所以,地理中的'亚洲南部'可以删去。"高高竖起的大拇指,孩子们当得起。

我只说当讲的。

孩子们忽略的,我来补充:泰戈尔,诺贝尔文学奖获得者,他创作的《人民的意志》被定为印度国歌。

孩子们关注的,我给方法:地理和地形完全可以通过图形的方式表现。我在黑板上画了一个倒三角。这就是印度。东西南北四面分别是孟加拉湾、阿拉伯海、印度洋、喜马拉雅山。中部恒河平原、南部德干高原、西部沙漠、西北多高山。如此标示,是否更加一目了然?

孩子们不知的,我来提点:印度人没有写史的传统,古代留下的史书很少。依据玄奘所撰《大唐西域记》提供的线索,印度对著名的那烂陀寺、圣地王舍城、鹿野苑古刹等遗址进行了考古发掘,出土了大量的文物古迹,成为考古史上一大奇迹。

这是第一课时。第二课时，我重点向孩子们介绍了印度的种姓制度，通过视频让他们走进了两个极具代表性的城市：首都新德里和被誉为"圣城中的圣城"的瓦腊纳西。这些资讯对于拥有强烈好奇心的孩子来说，可谓杯水车薪；对于充满神秘色彩的印度来说，两节课根本无法穷尽。外面的世界怎么样？今天，我们打开了一扇窗，如果感兴趣，欢迎走进那扇门。

7. 一课一问

一课一问，一直是我追求的目标。

之前上第二单元的"隔海相望"时都是从自然地理入手，到人文地理，再到两岸关系。但今年，我不想按部就班。在这一单元中，这一课是我确定的重点课文，因此，教学时间被确定为两课时。第一课时，孩子们共同绘制了这一课的思维导图，教学重点是信息分类，根据自己想了解的问题寻找答案。而第二课时，我们就研究一个问题：为什么说台湾是中国不可分割的一部分？

为了研究这一问题，孩子们可以使用的资料分别是：上节课绘制的思维导图和现有教材。10分钟独立研究，3分钟小组讨论，随后就开始全班交流了。

孩子们分别找到了以下依据——

• 历史：早在公元230年，三国时期东吴的孙权派卫温和诸葛直率万人船队到台湾。汉代史籍中称台湾为"夷洲"。

• 考古：福建省石狮市博物馆保存着从台湾海峡出水的人类化石4 000余件。

• 民族：台湾的民族中，汉族占98%。

• 祖籍：台湾人祖籍大多是福建和广东。

• 风俗习惯：与大陆相近。

• 骨髓：两岸骨髓移植成功率是全世界最高的。大陆的白血病患者更容易在台湾"慈济"（"台湾佛教慈济基金会"）中找到配型相符的供体。

• 地理：台湾岛的形成。

• 方言：闽南语（与福建相同）。

这些都无可辩驳地证明：台湾是中国不可分割的一部分。但我没有满足于此。因为从文字到理解还有一段很长的路要走。在这些佐证中，最重要也最难理解的是地理知识。汇报的孩子基本上是照本宣科，光说不练是假把式，咱得动起来。

"能不能用一本书或一本记录本来演示台湾岛的形成？"看，孩子们研讨得多投入！

那么，研究的成果如何？我继续随机点名展示。现场演示，既不能读书，又要让大家都能听懂自己的表述，可真是难为他们了。但孩子们都是很有智慧的，他们各有妙招。而在聆听他们的表述、观看他们的演示后，我还是发现了理解上的偏差。他们往往都把注意力集中在"海平面上升"，却忽视了"地壳下沉"，而这才是台湾海峡形成的重要原因。

在孩子们研究的基础上,我又进行了演示,他们立刻明白了。虽然从表面上看,台湾与大陆隔海相望,但其实,地脉相连,这样的岛在地理学中有专门的名称:大陆岛。我们中国除台湾岛以外,还有一个大陆岛,那就是海南岛。既然海南是中国的一部分,台湾也应该是。而在台湾海峡探寻到人类化石这一考古发现,再次表明,原先,台湾岛是和大陆连接在一起的。

民族相同,自然骨髓、民俗相近;祖籍相同,自然方言相同。一切都是紧密相连的。

"Less is more"(少即是多)最初是由德国建筑大师路德维希·密斯·凡德罗提出的设计哲学。其实这一内涵早就体现在几千年来中国传统美学"计白当黑"之中,国画大师作品中最有意境的往往不是涂满笔墨的部分,而是一大片留白之中那醒目的几笔。

多并不意味着好,"五色令人目盲,五音令人耳聋,五味令人口爽";恰恰相反,"大音希声,大象无形",少总有一种无形的力量。

一课一问,我们在追求少即是多,课堂如此,生活不也同样如此吗?

8. 渔，掌握了吗？

进入 12 月，我们教材的学习也进入了尾声。通过一年多的训练，孩子们是否掌握了"渔"呢？"奥林匹克的故乡"是最后一课。"请绘制本课的思维导图。"随后，我就站在教室一隅，不再言语了。所给时间并不多，10 分钟都不到。下课铃打响，记录本全部上交。此次完全放手让他们独自前行，孩子们会走向何方？

这是一个由"领"到"扶"再到"放"的过程。之前是以我绘制为主，随后孩子们共同参与，在本单元的前两课"跟着唐僧去西游""金字塔下留个影"中我们讨论出了解国家需要从几个方面入手。而每节课前 5 分钟的分享，则是练手的好时机。

此次评分标准为：一个一级目录即得 1 分，以此类推。能够得到 3 分及以上，即为优；2 分，为合格；1 分及以下，需要特别关注。

甲班（46 人）检测一览表

分数	人数	比例
4 分	13	28.3%
3 分	11	23.9%
2 分	10	21.7%
1 分	2	4.4%
0 分	10	21.7%

乙班（40 人）检测一览表

分数	人数	比例
4 分	11	27.5%
3 分	5	12.5%
2 分	9	22.5%
1 分	10	25.0%
0 分	5	12.5%

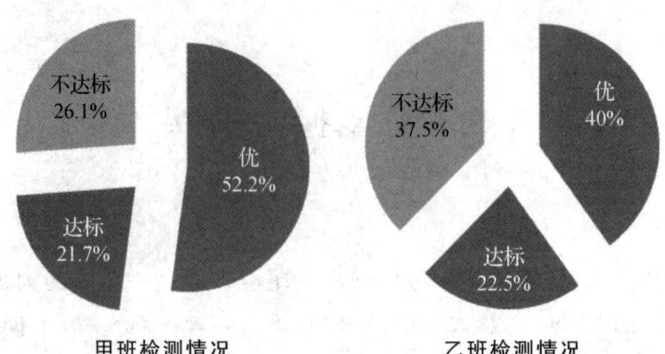

甲班检测情况　　　　　乙班检测情况

数据统计图一览无余。甲班52.2%的孩子为优秀,超过半数,及格率为73.9%。不过值得关注的是,有21.7%的孩子一分未得。乙班的优秀率不及甲班,只有40%,及格率为62.5%,相比而言,低分率较高,和甲班分布不同,集中在1分段。

如何寻找到儿童思维品质的短板?如何进行针对性的训练?如何提升孩子们的学习品质?这些问题的突破,都依赖于一点,那就是"让隐性的思维显性化"。当儿童内隐的思维过程得以直观呈现,我们就能抽丝剥茧,找准"任督二脉",助其一臂之力。

举 例	问 诊
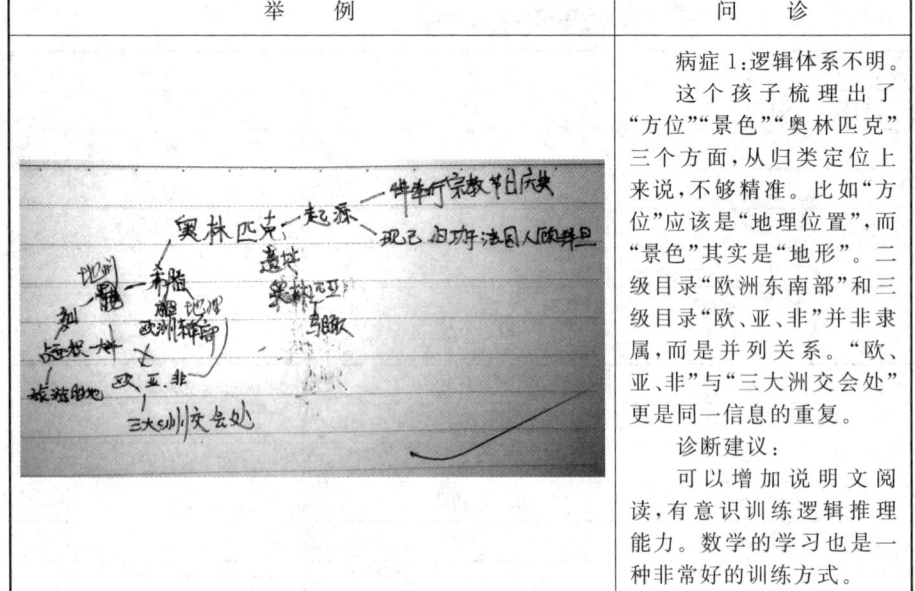	病症1:逻辑体系不明。 　　这个孩子梳理出了"方位""景色""奥林匹克"三个方面,从归类定位上来说,不够精准。比如"方位"应该是"地理位置",而"景色"其实是"地形"。二级目录"欧洲东南部"和三级目录"欧、亚、非"并非隶属,而是并列关系。"欧、亚、非"与"三大洲交会处"更是同一信息的重复。 　　诊断建议: 　　可以增加说明文阅读,有意识训练逻辑推理能力。数学的学习也是一种非常好的训练方式。

续表

举 例	问 诊
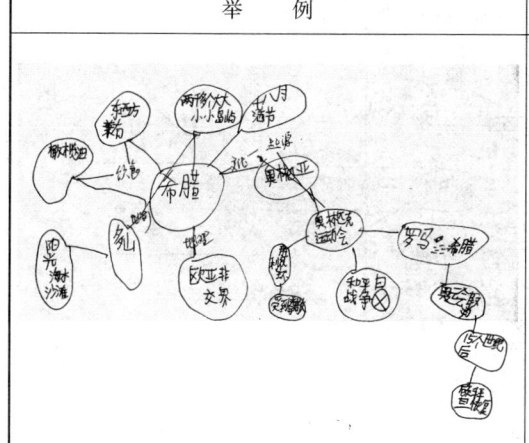	病症2：没有分类意识。 　　从这个孩子的思维导图可以看出，他提取信息的能力较强，但没有将信息进行梳理，基本上是看到一处信息就标上一个，因此，他的一级目录有7个之多："欧亚非交会""多山""橄榄油""东西方兼有""两千多个大大小小岛屿""七八月酒节""奥林匹亚"。 　　诊断建议： 　　学会提问。"想了解这个国家的什么？"直接写在思维导图上，然后，带着问题走进教材。
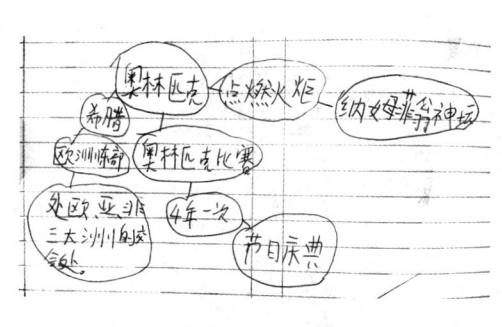	病症3：核心概念偏差。 　　这个孩子的一级目录分别为"希腊""奥林匹克比赛""点燃火炬"，他可能是想以"国家""比赛""点火仪式"这三个方面来归整。但是他没有想到，本文虽然是以"奥林匹克的故乡"为题，但其实介绍的是希腊这个国家。"奥林匹克"一词遮蔽了他的双眼。 　　诊断建议： 　　不必急于动笔，首先准确界定核心概念。
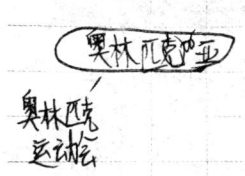	病症4：没有时间概念。 　　看到这样的思维导图，我非常痛心。一来，宝贵的时间如此虚度，实在可惜；二来，已经是小学六年级的学生了，还不能进行有效阅读，或是学习能力欠缺，或是学习态度欠佳，无论哪一种，都让人扼腕叹息。而这样的孩子每个班都有。未来的学习生涯他们会怎样度过？ 　　诊断建议： 　　共同关注。如果可能，建议一对一。时不我待呀！

同样的时间,同样的内容,掌握了方法的孩子绘制的思维导图是怎样的?

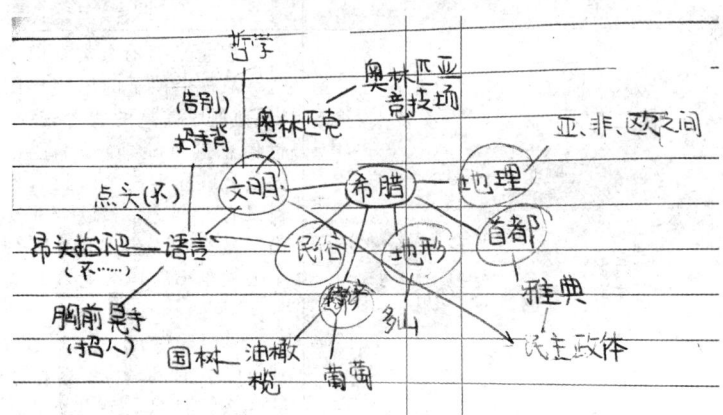

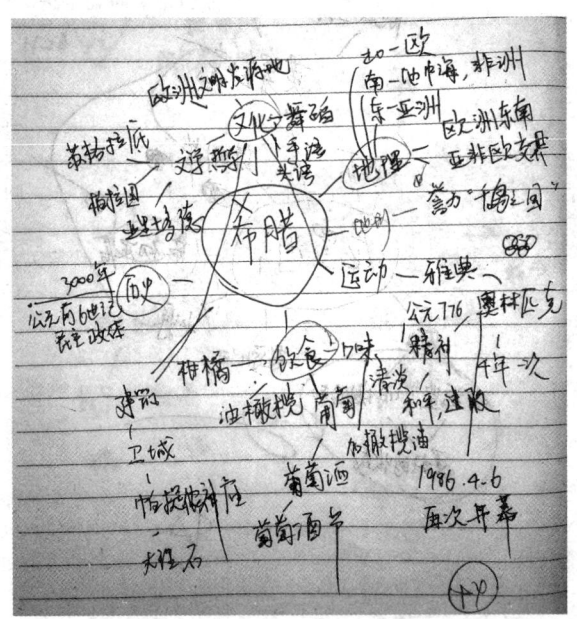

渔,就是学习方法,就是行为习惯,就是思维品质。这次检测并非终点,只是一次行进中的诊断,我们任重而道远。

"渔"胜于"鱼"——学习是技术

1. 学习,是个技术活儿

学习究竟是什么？或者说,学习应该是怎样的？一直以来,我都在思考这个问题。

创立可汗学院的萨尔曼·可汗,希望帮助学生认识到每堂课都是相互关联的,知识的难度和深度会随着课程的进行而层层递进。他道出了知识的本质：知识是有关联的。"如果我们能够将新信息与我们已知的信息联系起来,那么就能更容易地理解并记住新信息。在这种记忆方式中,大脑处理的不是独立的信息,而是具有逻辑关系的很多信息,这让我们能够着眼于整体,轻松地记住新信息。"

这样的理论能落地吗？当然。一名叫斯科特·扬的加拿大年轻人,用自己发明的"整体性学习"方法,完成了十天搞定线性代数、一年学完四年MIT课程的"不可能任务"。他是麻省理工学院历史上最快毕业的人,并登上TED（technology, entertainment, design 在英语中的缩写,即技术、娱乐、设计）的演讲台,向全世界宣讲自己的学习经验,他是不折不扣的超级学霸。如果我们细看他的这一学习方法,就会发现一个很简单的事实：整体性学习的基础就是将知识关联起来以达到记忆和应用知识的目的。

他是怎么做的？

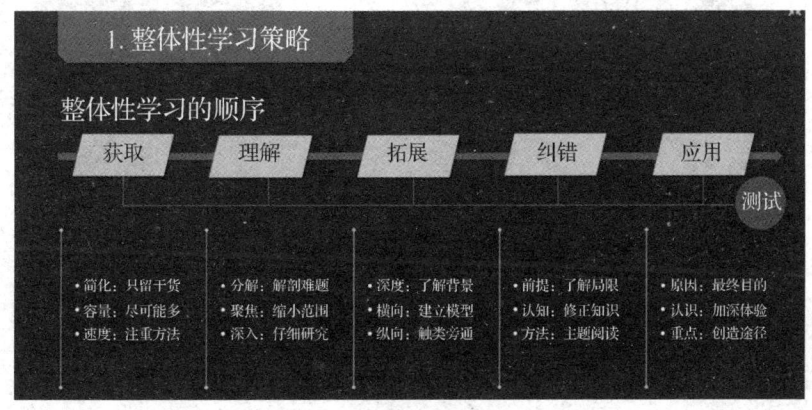

俗话说,良好的开端是成功的一半。我们当下的小学品德课堂,走好前两步"获取""理解"尤为重要。我们的孩子存在怎样的问题?

步　骤	现　　　象	原　　因
获取	1. 阅读、听讲速度慢; 2. 需反复阅读。	1. 阅读、学习习惯不好; 2. 不好的记笔记习惯; 3. 不理解基本名词和用法。
理解	1. 虽然在读书,但不知道作者到底说什么; 2. 笔记记得清晰完美,但不明白是什么意思。	

以我们所绘制的"抗日战争""淞沪会战"两个思维导图(见下两幅图)为例,随机受邀上台的孩子还不能理解何为"背景""影响",他们所概述的"卢沟桥事变""南京大屠杀"都是抗战之中发生的。而"时间"则应是抗日战争的时间跨度,并非抗战中的具体事件。而"淞沪会战"更是错误百出:时间错误不说,有孩子将40多万参战人数归到了"影响"名下,张冠李戴;"背景"中写到的"武汉保卫战失败",在教材中根本就没有提及,完全是他凭自己印象所写。至于"抗日捐款"也只是在教材中出现过,台上的孩子想也没想,照搬上去而已。如此的获取效果令人担忧。

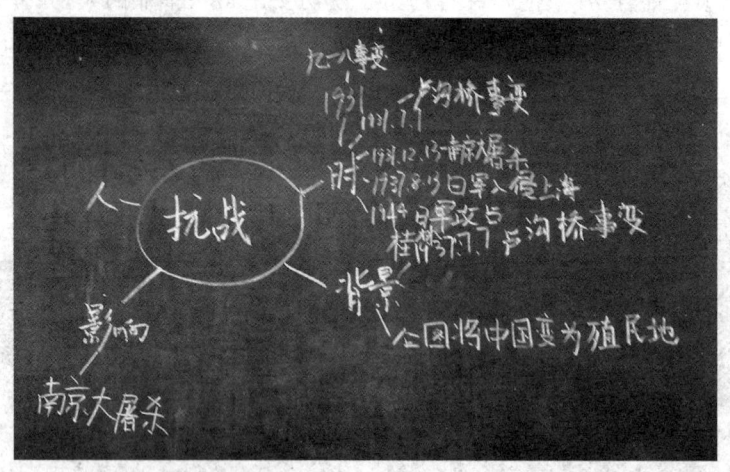

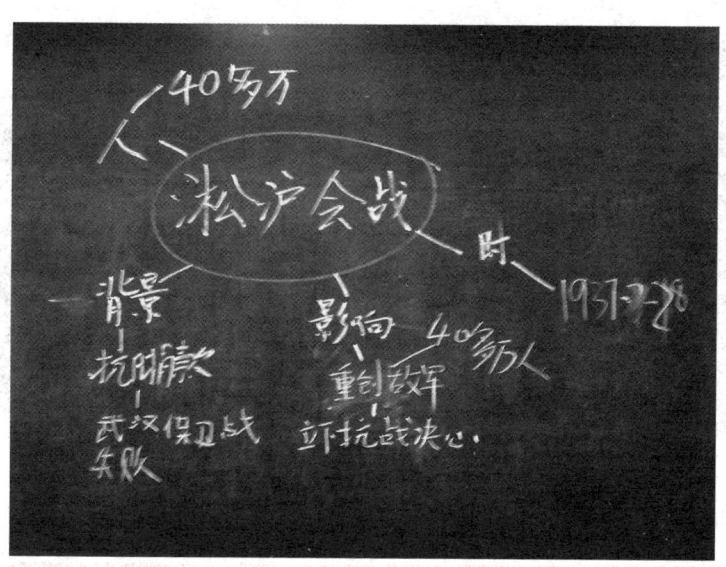

究竟我们应该怎样获取知识呢？方法是有的：快速阅读＋笔记流。书中介绍了三种简便易行的方法：指读法、练习阅读法、积极阅读法。大家一看就乐了，"指读法"不是一年级时采用的方法吗？怎么到了高年级还需要？好方法，很简单；好方法，贵坚持。不瞒大家，我现在阅读依旧指读。后两种方法更适合家庭使用，因为它需要一对一的训练和指导。

【指读法】	【练习阅读法】	【积极阅读法】
使用手指让眼睛停留在你要阅读的地方，提高阅读速度。	以3分钟为周期进行速读练习，记录正确和错误的观点数，训练自己的阅读速度。	阅读时不断提醒自己记住主要观点是什么，我怎样记住，怎样拓展应用，促使深入理解。

至于"笔记流"，看了下面这张图，大家就了解了，它和我们正在实践的思维导图如出一辙。请大家关注"注意"事项，这就是前一阶段我进行随堂抽测的原因，就是希望能让孩子体悟：记笔记，究竟是为了什么。

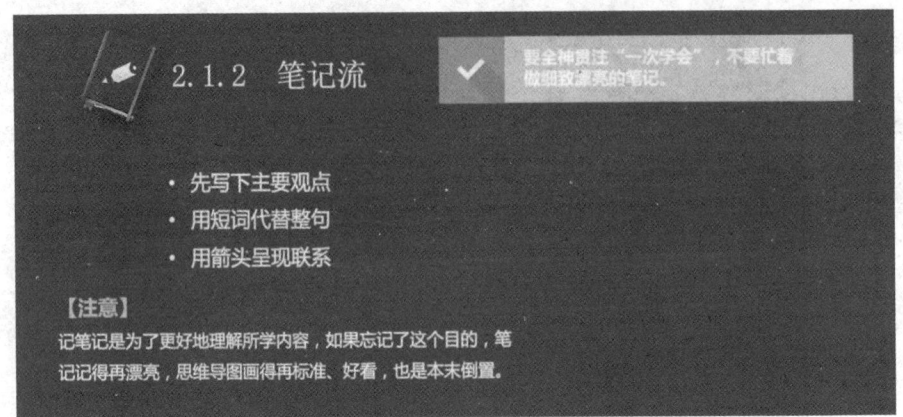

好在，我们随后进行了全班研讨。在"快速阅读＋笔记流"的方法指导下，我们又重新阅读了教材，完善了思维导图。

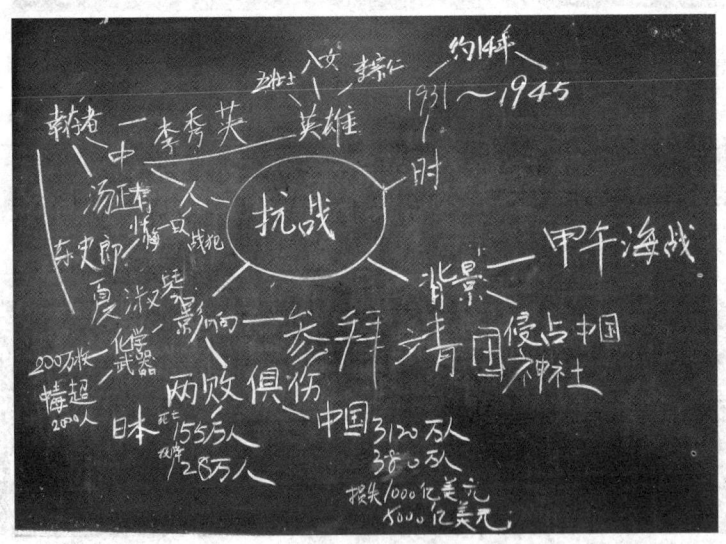

学习，是个技术活儿。整体性学习是我们可资借鉴的一种学习方法，但不是唯一的。期盼每个孩子都能尽快寻找到适合自己的方法。

2. 时间都去哪儿了？

带着计时器走进课堂，已经成为常态。为什么要这样？原因很简单：提高效率。我给自己授课计时，也给孩子们的活动计时。彼此公平。

由扶到放，孩子们运用思维导图已经有一学期了。上学期时，我们是先进入独立的课文，期末再总结。新学期伊始，我想"先见林再见树"，先让孩子们对整个单元有一个全面了解之后，再根据重难点，进入课文。换而言之，就是按单元进行教学。

为什么要这样？首先，脑科学研究给了强大的理论支撑：在意义探寻的过程中，大脑完全是"模式化"运行的。这一点我们可以从婴儿学习中感受得到，很多家长都观察到，当孩子口中蹦出第一个词之后，就一发不可收拾。好像从未刻意教过，他们怎么就会的呢？怎么就知道这个物体要用这个词来描述？怎么知道不同感觉对应着不同的词语？其实，从出生开始，或者说，在妈妈肚子中时，他就已经在学习语言了。而此时的学习是笼统的、全面的、大量的。这些信息源在他的头脑中逐渐架构起一个简单的网络，于是，就出现了前面所述的惊人之举。其次，苏联教育家赞可夫就是如此提倡的。更为重要的是，这是芬兰教育得以领先全球的秘密之一。他们开放儿童的视野，避免在"先见树再见林"的教育理念下，为了一棵树的细部知识与标准动作反复演练。

确定了方向之后，我就放手让孩子们独立阅读单元。之前教学也如此，但效果并不理想。这学期，我开始借助计时器。"3分钟计时开始。"我调好时间，按下按钮。孩子们在阅读，我也在阅读。"滴滴滴"，时间到。不统计不知道，一统计吓一跳，竟然只有2位同学读到了各单元的第二课，绝大多数人都还停留在第一课。那好，再给5分钟。结果依旧不容乐观，没有孩子读完4课。

时间都去哪儿了？为了弄清楚这个问题，我与学生一起分析了三个相关的问题。（见下表）

序号	提问	回答	原因
1	我们都在看些什么?	图、故事、例子、问题、填空、活动。	这些都是书中所呈现的。从中可以看出,只要是书上的内容,孩子们都不放过。足见阅读之细致。
2	时间都去哪儿了?	为了能看懂,在思考;因为喜欢,所以多看了几遍;老师要求找关键词,所以慢了;为了更深入地了解,看图用时较多;当然,也有说话、发愣的。	除了说话、发愣与孩子本身注意力缺乏有关外,其他都是阅读方法不当。
3	教材中为什么要有这些内容?	图、故事、例子是用来说明观点的;问题、填空、活动是让我们参与的。	美国顶尖大学对阅读的要求:每周阅读量超过500页。因此,提高阅读效率的方法,必须掌握。而方法,除了单纯告知外,我更喜欢孩子们自我总结归纳。

再给3分钟,很快,孩子们都读完了。他们知道,有些可以忽略,比如故事、例子、新闻、问题、活动等等。而观点呢?作为五年级的孩子,他们也知道其所在的大体位置:开头、结尾处。

课后,我向孩子们推荐了美国学者莫提默·J.艾德勒与查尔斯·范多伦著的《如何阅读一本书》。方法易得,若要掌握,还需时日操练。

3. 寻找适合自己的学习方法

　　这个小姑娘,清秀、甜美。据我所知,她从来没有在课外参加过任何学科的培训,完全就是一块璞玉。在课堂上,她是班级女生中比较爱表达的,虽然语气中有那么一丁点儿胆怯、犹豫,但还是知无不言,言无不尽。我喜欢这样的孩子,因为只有她说出来了,我才能了解她的思考方式、思维深度。

　　上次期中抽测小姑娘位居班级中上,这与她上课的状态并不成正比。究竟怎么回事呢?

　　今天我又进行了一次随堂抽测。同样是当堂抽测,没有提前通知,没有进行复习,但这次的目的不同。

检测	期中抽测	随堂抽测
时间	2016年4月28日	2016年5月9日
内容	前半学期的学习内容	《南湖游船》一课的内容
方式	绘制历史时间轴、2张思维导图	完成1张思维导图、10道填空题
时间	20分钟	5分钟
目的	了解倾听习惯、学习能力	帮助学生寻找适合自己的学习方法

　　检测卷的第一面是绘制思维导图,满分50分,小姑娘得了25分,低于班级均分;第二面是填空题,共16个空,每个空5分,满分80分,她得了65分,名列前茅。两项相加,她的总分远超班级均分(67.7分)。

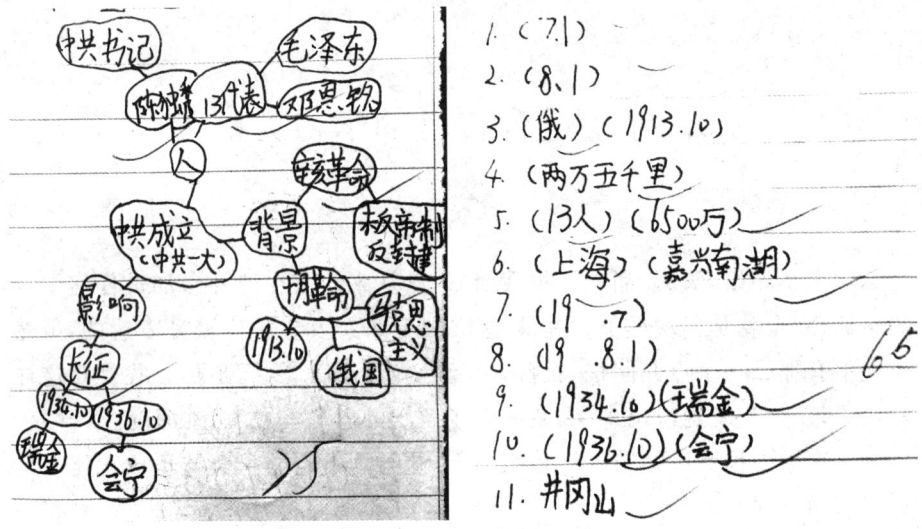

通过分析我马上得知,这个小姑娘更擅长听觉思维。

人的大脑生来就是不同的,每个人都习惯于用某种感官系统去感受世界,有的人靠眼睛洞察这个世界,有的人靠耳朵聆听这个世界,而有的人用皮肤感受这个世界。因此,人的学习类型是有差异的,大致分为三种:视觉学习型、听觉学习型、触觉学习型。

根据科学研究,视觉型学习者,占到总学习者的80%左右。他们上课时多数时间视线紧随老师,对自己看过的事物记忆深刻,如果看不到老师,就好像什么也没听到。同时,视觉型的学生从小非常听老师的话,一般来说不做越格的事,能认真复习、写作业。

听觉型学习者,大约占15%。他们上课时以听为主,主要特点是说起话来很慢,而且往往说话时不看对方的脸。他们容易记忆及复述别人说话,温习时爱读出声音,很会模仿,到了陌生的地方能很快学会当地方言。他们重视环境的宁静,难以忍受噪音。

触觉型学习者生命力强健,他们关注的东西非常多,具有创造性,只是可能不适合我们今天的教育模式,因为强迫他们坐在课堂里不动,会使他们感觉非常无聊乏味。他们喜欢与别人近距离接触,身体语言较多,喜欢运动及动态活动。有5%左右的人属于触觉型学习者。

了解每个学生的学习类型,能够帮助孩子找寻到适合他自己的学习方法,同时,也可以有意识地锻炼他们不擅长的学习类型,从而使得视、听、触三种方式整合,这样,学习效果就能得到快速提升。

目前我们课堂教学中采用的板书、PPT、图像,以及现在正在运用的思维导图,都只适合视觉型孩子。为了给听觉型孩子提供有利于他们的学习方式,我们应开展小组交流、全班汇报、讲述辩论;而提供适合触觉型孩子的动作体验,也是我们需要关注的。

让每一个孩子了解自己,从而有的放矢,有所侧重,必将贯穿其学习的全程,也应贯穿我们教学的全程。

4. 试错，未尝不可

"有效"已经被"高效"替代，好像如果不能高效，所有的方法都是无效的，都是应该被摒弃的。从古至今，数千年过去了，我们人类摸索出孩子学步的高效方法了吗？恕我孤陋寡闻，好像没有。因为无数的事实向我们证明，实践出真知，空谈理论是根本行不通的。

方法不就是实践吗？是的，方法就是实践。既然如此，为什么就不能先教方法再来实践呢？当然可以，我们当下的教育不就是如此吗？方法先行，实践跟上。为什么还要谈"试错"？因为无论是先教方法，还是后出理论，错误一定是会伴随实践出现的，根本就不能规避。所以，面对错误，抱有一颗平常心，就显得尤为重要。当我们允许孩子犯错，当孩子知道尝试必定会出错，他们才会去反思、总结、领悟，真正的进步，才有可能发生。

按理说，思维导图已经运用一个学期了，孩子们应该驾轻就熟了吧。非也。当他们独立绘制并进行分享之后，我便发现了诸多问题：有的孩子没有全局观，一课一幅思维导图；有的孩子抓不住重点，不知如何归纳、提取；有的则压根儿不动，就等着老师"喂食"。如果不让他们展示，我一定还在沾沾自喜。当然，这些问题早已存在，只是被我选择性地规避了。人的大脑就是如此，只看想看的，只听想听的，只想想思的。

没关系，我们一起来操练。当然，我不会是课堂的主人。主人自始至终都是孩子们。

既然是画单元思维导图，第一步应该做什么？"到单元题中找关键词。"我们就以五年级下册的第一单元为例。"家家有本难念的经"，关键词就是"难"。我在黑板上写了一个"难"字。这个单元有4课，每课的关键词又是什么呢？4个孩子自告奋勇上台板书。

有了关键词做支撑，那么我们阅读时应该关注什么呢？以第一课为例，"父母的难处"，孩子们认为"难处"是关键词。那么这一课会向我们介绍什么？"父母有哪些难处？""面对难处，我们可以怎么做？"而这就是教材编写者的思路。孩子们已经开始转变视角，不再唯我独尊了。

这4课之间又有着怎样的关联？"家里的烦人事包含父母的难处。""面对家里的烦人事，作为家里的小主人，我们也应有所行动。'爸爸妈妈，我想对您说'，就是一种方法。"我不得不佩服孩子们巨大的潜能。

限时3分钟，独立阅读，圈画。

闹钟一响，我就开始随口报学号了。4个孩子被选出，

其中3个直接登场，只有1个面带难色。没关系，我又报了一个号，太巧了，他也是研读第一课的，好，哥俩好，赛金宝。于是，黑板前，就有了5个孩子。这哥俩也实在有趣，你方唱罢我登场。你写完这点，我来补充那点，专注且投入。

等他们写完，我们进行评讲时，孩子们已经能够指点江山了。有的词语

较多,只需删减就可以了;有的逻辑颠倒,需要微调;有的言简意赅,提炼精准。值得高兴的是,发言者都是对图不对人;板书者也是认真聆听,虚心接受。这是我最欣赏的学习状态:我们都站在同一条起跑线上,只要相互扶持,就能共同进步。

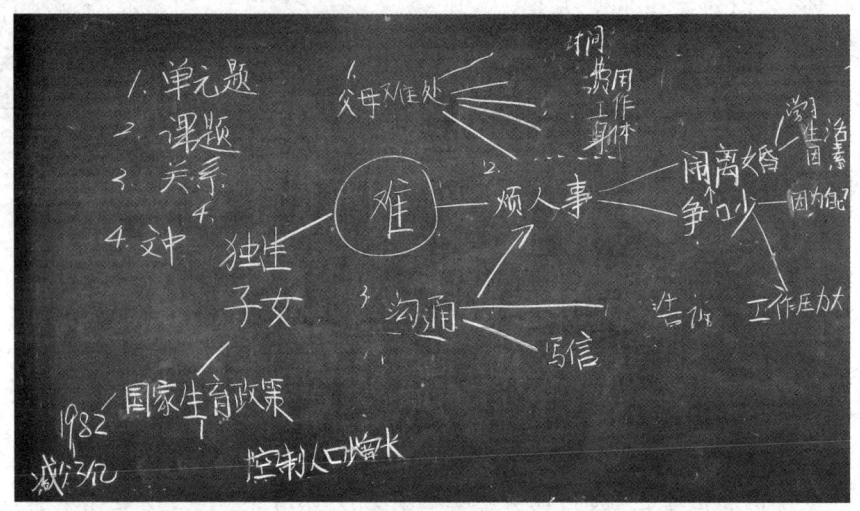

出错,是正常的,也是必需的。当错误不再如落水狗一般被人痛打,当成功不再如皇冠般被人追捧,孩子们就能真正投入到学习之中,不再顾忌,不再畏难,不再志得意满;就能真正投入到交流之中,不再掌控话语,不再缄默无声,不再争抢风头。而这,才是学习本来的面貌。

当然,试错不是高效的代名词,它需要等待再等待,需要尝试再尝试,需要否定再否定。而这些都是奉"时间就是效率"至上的高效教学所不能允许的。而我,还是相信古人的智慧:磨刀不误砍柴工。

5. 是原地踏步,还是向前迈进?

之前,我们已经在第三单元了解了三个国家,分别是:印度、埃及、希腊。"为什么教材会选择这三个国家?""因为这三个国家分处三大洲,都极具代表性。"孩子们所言极是。世界上还有200多个国家、地区,和以往一样,学期最后,我们组团开展"周游世界"的活动。

之前在了解这三个国家的时候,孩子们已经知晓从哪些方面入手,因此,今天的讨论也是从此入手:"小组讨论,每人确定了解方向。"1分钟很快就过去了,请了第二组的3号汇报本组各位组员的分工:地形、地理位置、文化、习俗、特产、历史……看来,孩子们都已经驾轻就熟了。

下面就要确定国家了。这是孩子们最感兴趣的。他们的小脑袋全都聚在了一起,热烈地讨论起来。

1分钟后,每组的3号将讨论结果写在了黑板上。随后全班投票,标准只有一个:"对这个国家不太熟悉的,请举手。"

为什么会确定这个标准?我做了两个动作:原地踏步、向前迈进。"这是两种不同的学习方式。"前者,是对原有认知的再重复;后者,则是从元认知出发探索未知。两相比较,哪一种学习方式需要付出更多?收获更多?孩子们异口同声:"第二种。"如果只是了解自己比较熟悉的国家,就是原地踏步,只

是反刍罢了;而学习应该是一种思维历险过程,不断攀登,不断超越。这是其一。其二,本学期我们每节课前,都要进行《希利尔讲世界地理》的阅读分享,加之通过平时阅读其他书籍、收看新闻、旅游观光,不少出镜率非常高、旅游产业发达的国家,孩子们已经耳熟能详了。把有限的时间投向那些不太被关注、不太热门的国家,更有利于感受国家的多样性。

随后,我们进行了第二轮小组讨论、第二轮投票。最终,三个班每个组研究的国家新鲜出炉。

轮次	所属大洲	甲班	乙班	丙班
首轮	欧洲	俄罗斯、英国、德国、芬兰、西班牙、奥地利、法国(7个)	德国、英国、西班牙、比利时(4个)	英国、德国、意大利、俄罗斯(4个)
	亚洲	日本、以色列(2个)	日本、以色列(2个)	日本、新加坡(2个)
	非洲			
	美洲	美国(1个)	美国(1个)	美国(1个)
	大洋洲		澳大利亚(1个)	

续表

轮次	所属大洲	甲班	乙班	丙班
最终	欧洲	葡萄牙、芬兰、冰岛、梵蒂冈、克罗地亚、瑞士、保加利亚(7个)	塞尔维亚、捷克、波黑(3个)	葡萄牙、梵蒂冈(2个)
	亚洲	以色列、沙特阿拉伯(2个)	老挝、以色列(2个)	斯里兰卡、伊拉克、伊朗(3个)
	非洲	津巴布韦、几内亚比绍(2个)	贝宁、圣文森特和格林纳丁斯、圣多美和普林西比、马里、佛得角、刚果(6个)	乍得、纳米比亚(2个)
	美洲	哥伦比亚(1个)	海地、特克斯和凯科斯群岛（英属群岛）(2个)	圭亚那、智利(2个)
	大洋洲			瑙鲁(1个)

确定好所要了解的国家或地区,明确了各自的研究领域,我提出了两点建议:一、最好能制作PPT;二、建议由每组1号同学收齐本组组员制作的PPT,放在一个文件夹中。

很快就有小组准备妥当,上台介绍了。对应之前的具体分工,评价标准也相伴而生。

3分——与其他同学的介绍有太多交叉,没有体系;

4分——照本宣科,没有经过删减,重点不够凸显;

5分——围绕该国的一个方面进行介绍,主题突出,既有趣味又长见识。

如果PPT为一人所做,那么,本组的另三位同学只能得1分,另4分只能拱手相让。多劳多得,乙班就有孩子一举独得17分!

是原地踏步,还是向前迈进?每个孩子都用行动给出了自己的回答。

6. 差距，是点滴累加的

改完作业，看着面前的两摞本子，我陷入了沉思。左边一摞是合格的，右边则是没有完成的。上课时，又有几位孩子来交本子。我一看，没有一个合格，都属于右边这列。清点一下，竟然有22人。

是不是作业太多了？我们所要完成的是《填图册》，从实效出发，我从中挑选了一些题目。是不是没有时间做？我不喜欢让孩子们把作业带回家，因此，课上总会留时间让他们完成。考虑到每个孩子速度不同，这学期一开学，我就将所有需要完成的项目都圈画了出来，既保证了全班的进度，又满足了个体高效的需求。是不是之前没有提醒？批改过程中，我已经发现了孩子之间的差距。几天前，我将《填图册》发还给孩子，并给家长发了一条信息："各位家长，我正在批改《填图册》，边改心边往下沉。因为每一次作业的等第最终都将汇入总分，看到很多孩子潦草的书写，真为他们惋惜。有的孩子的专注力需要加强，速度正常的孩子1～5课基本做完，但有的孩子却基本没动。今天我会将《填图册》发还给孩子们，请他们带回家，也会布置他们完成或订正（只要书写端正，等第是可以上调的）。烦请您在百忙之中也过目一下。作业的目的不是为了得分，它折射的是孩子的心态、能力。谢谢。"

昨日收上来批改，触目惊心的22人。

作业是一个方面，课堂学习效率的差距也让我担忧。学习品质优秀的孩子充分把握了40分钟，全身心地投入，自然，产出也是惊人的。我选取了两个孩子当堂独立绘制的单元思维导图（见下两幅图），条理清晰，一目了然。

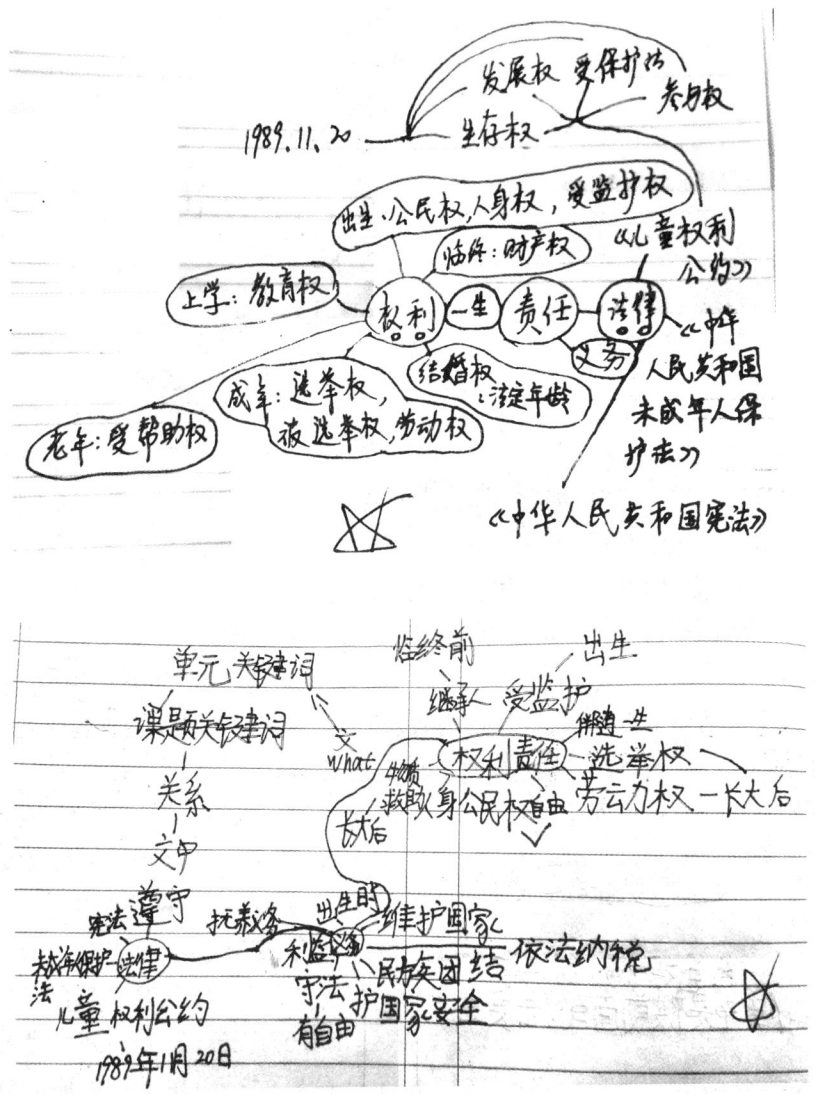

我还选取了另一个孩子独立绘制的两幅思维导图（见下两幅图）。不难看出，刚开始的第1稿，她的思维还比较混沌，等交流、研讨之后，再一次绘制，就完全变了个样，进步之显著让人惊叹。需要特别说明的是，像这样的孩子并非一两位,而是有许多。因为篇幅有限,我就不全部呈现了。

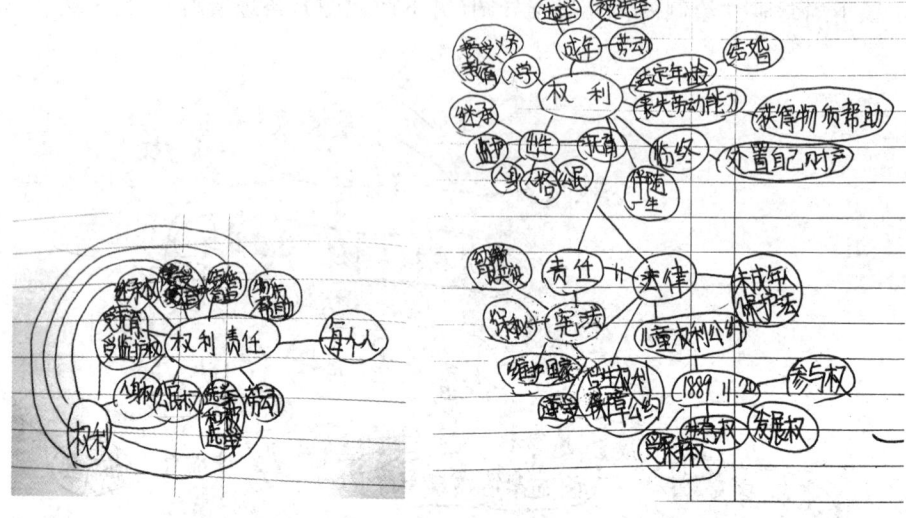

我只是在想:一节课如此,两节课如此,每天六节课皆如此,一周,一月,当时间累加起来的时候,差距是不是也在悄悄地累加呢?

那么,究竟是什么牵绊住了孩子们?是专注力。

这学期启动计时器计时之后,我就在观察:孩子们是怎样度过这短短5分钟的。有的孩子指令一下,就埋头干活,没有丝毫犹豫,更没有丝毫懈怠;有的孩子的动作是慢镜头播放,慢慢地转过身,慢慢地翻书包,慢慢地取出本子,慢慢地打开,慢慢地拿笔;有的先忙自己的事儿,看看书,画画画,甚至于发发呆;还有的,东张西望,任时间从指缝间溜走。以今天上课为例,原本计划带孩子们外出的,但考虑到有22人需要补做,只能让完成的孩子写家庭作业了。当我刚把这个决定说出口时,教室里马上就有两种不同的声音:"太好了!""今天作业可多啦!"前者是分秒必争的兴奋,后者则是畏惧与抱怨。表现自然也就迥异了。我给了三个5分钟,共计15分钟,有的孩子做完了一张英语试卷,有的孩子完成了数学作业,当然,也有的孩子《填图册》还没过关。

怎样提高孩子们的专注力呢?《番茄工作法图解:简单易行的时间管理方法》介绍的方法非常实用,简便易行。我现在上课使用计时器的方法,就是受此启发。差距是一点点累加的,反之,进步也是一点点累加的,此消自然彼长。如何选择,是摆在孩子面前的一道必须作答的题目。

7. 习惯是个什么词？

有一天和女儿讨论，习惯是个什么词？她说习惯有好有坏，应该算是中性词，就看我们怎么用了。带着计时器来上课，孩子们都已经习惯了。刚开始的新鲜感逐渐过去之后，生活又回到了常态。

了解各个政府部门及其职能，是"公民的权利与责任"这一单元的难点，毕竟孩子们的生活场域较小，很难与这些部门产生交集。因此，我用3分钟时间，依托《填图册》中的相应内容进行了简要介绍，孩子们随即填写完成。由于班级电脑出了状况，我便索性追加了5分钟，让孩子们继续独立完成。结果，我的眼前出现了这样一些不和谐的身影：有转身说话的，有趴在桌上目光游离的，还有东翻西找的，在他们眼中，时间完全被漠视，完全被忽略，完全被摒弃。这就是习惯。习以为常，惯性使然。

怎样才能让他们意识到，或者说，怎样才能让他们看到自己真实的状态？

5分钟之后，我们一起做了一个简单的统计。在4组中，我随意找了4本《填图册》，统计8分钟时间内所完成的内容。随后，请这4个孩子利用我所给的符号来分类标注。与此同时，找了一位大家公认的学习认真但动作并非特别迅速的孩子，也对他完成的情况进行了统计。

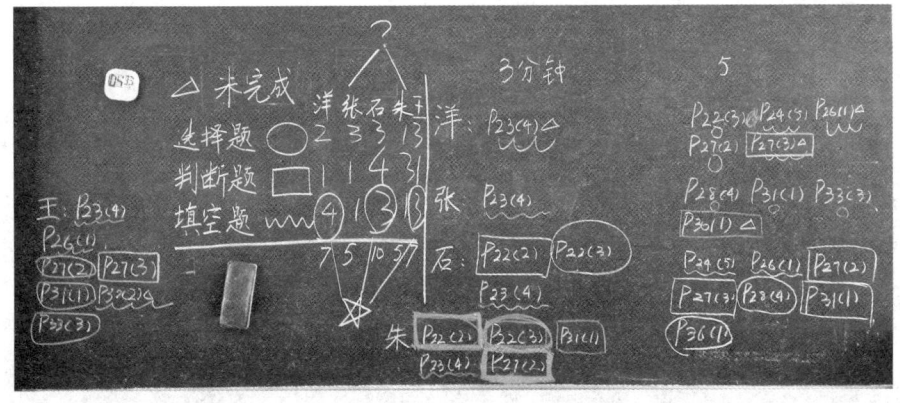

题型	完成数量				
	1号	2号	3号	4号	5号
选择题	2	3	3	1	3
判断题	1	1	4	3	1
填空题	4	1	3	1	3
总题数	7	5	10	5	7

  时间是公平的,数据也是公正的,没有任何主观色彩。从总题数看,3号做得最多,1号、5号其次;从所完成的题型分布看,1号所做的填空题最多,3号、5号其次。从三种题型的用时来说,毋庸置疑,填空题用时最多,判断题、选择题完全不需要深思熟虑,属于信手拈来的。于是非常明显,1号、3号、5号被大家公认为效率高手,2号和4号提升的空间就很大了。

  这次统计在班级中引发了小小的震动。原先那个大家认为比较懒散的孩子,其实是很有时间观念的;原先那个头昂得很高、自我感觉很好的孩子,沉默不语了。

  趁热打铁,5分钟计时开始!这次,所有孩子奋笔疾书,不再有一丝一毫的懈怠了。这节课如此,我真希望他们今天如此,明天如此,在校如此,在家如此,久而久之,好习惯就养成了。

  习惯是个中性词,何时为褒义,何时为贬义,取决于每个个体自身的选择。

8. 把信送到了吗？

因为调课，今天我第一节就来上课了。"有同学准备好演说了吗？""不知道今天上品德课。"有孩子理直气壮地应答。其他孩子则保持缄默。不用说，我懂的。"请同学们准备好PPT后，就直接拷到班级电脑上，这样随时可以演说。""他们都是在上课以后，才安装课件的。"他们？难道你不在他们之中吗？

我把这两种回答做了总结："这样的回答，就是在推卸责任，就是在寻找借口。在学习上，在生活中，没有任何借口。"随后，我们开始了今天的课程。

上节课，因为分析检测卷，所以没有足够的时间将历史时间轴绘制完毕。于是，我请孩子们回去完成并提前请了一个孩子在下次上课前，将自己绘制的时间轴画在黑板上。

中国近现代历史时间轴

这节课上得突然，我的检查也突如其来："同桌互换，如果你的同桌完成了时间轴，就请起立。"结果可想而知：有3个孩子站了起来。其中，就包括那个板书的孩子的同桌。

我口头布置的所谓的作业,不被关注,不被记住,很正常。之所以没有完成,理由太多了:没有书面写下来,没有强求必须完成,没有物质或精神的奖赏与惩戒。因此,完不完成,也就不会成为必须。这不能怪孩子们。因为我们的纵容,他们已经形成习惯了。红领巾没带,都怪别人没有把它放进书包;文具书本没带,请家长赶紧送来;自己的房间、书桌一团乱麻,和我无关……他们不需要为自己的生活承担责任。一切都显得那么理直气壮,冠冕堂皇。

很久以前,看过美国作家阿尔伯特·哈伯德的《致加西亚的信》。

美西战争爆发以后,美国必须马上与西班牙反抗军首领加西亚将军取得联系。可是没有人知道加西亚的确切地点。有人向总统推荐了罗文。罗文接过信后,并没有问:"他在哪里?"而是直接出发了,最终完成了任务。

"年轻人所需要的不仅仅是学习书本上的知识,也不仅仅是聆听他人的种种教诲,更需要一种敬业精神,对上级的托付,立即采取行动,全心全意去完成任务——'把信送给加西亚'。"

今天,有3个孩子"把信送到了加西亚的手中"。他们静静地把"信"拿去,不提任何问题,更不会随手把"信"丢进水沟里,而是全力以赴地将"信"送到。这些孩子无论有什么样的愿望都能够实现。世界上亟需这种人才,这种能够把信送给加西亚的人。

我们以送信为例,送信人有这么几类。居于首位的是"把信送给加西亚"的人,不仅对自己分内的工作尽职尽责,而且更上一层楼,做到更主动,更卓越。什么是主动?主动就是没有人要求你、强迫你,自觉而且出色地做好自己的事情。

其次,是这样一类人,当他人告诉他一次,不需要监督,他就能圆满完成任务,并得到很高的荣誉。换句话说,做,是为了得到奖赏。

再次,有这样一类人,他们需要别人反复强调后才采取行动。

另外,有一类人,只有当他们穷困潦倒时才会去做事。

然而,还有一类人比上述几类人更恶劣。即使有人走到他们面前,告诉他们如何做,并且停下来督促他们,他们仍然无法将事情做好。

我们的孩子将自己归为哪一类?

书不长,有机会,希望孩子们都能读一读。

9. 与自己对话

自从加入了班级群,每天下午放学后,我们班的群是最热闹的,家长们争先恐后汇报孩子完成家庭作业的时间。可是,之前中午在班级值班,我的所见与群中的汇报并不相符。我们班的班主任经验非常丰富,她的用意非常明确:珍惜时间,高效利用。这是高年级学生必须具备的能力,也是为他们未来的学习、生活奠基的。可是,很多孩子并没有太多的感受,自然也难以将这一观念落实到行动之中。

今天中午,又是我值班。于是,我就做了4次统计,请孩子写了2次感言。

统计一:《填图册》1～7课完成情况:

未完成课数	1课	2课	3课	4课	5课	6课
未完成人数	15	10	5	1	4	6

全班46人,只有5人7课全部按时完成。

随即限时2分钟,独立写感言。2分钟结束,有9人写完2行,占班级人数的19.6%。

这是前测,了解当前的现状。

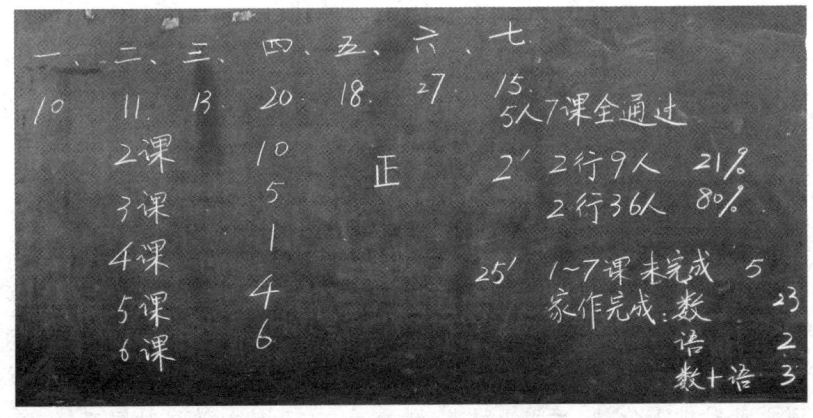

随后就是后测了。我把计时器贴在黑板上,事先告知:分 5 次计时,每次 5 分钟,总共 25 分钟;完成内容:先《填图册》后家庭作业。25 分钟后,我们又进行了统计:

完成情况	《填图册》1～7课	《填图册》+数	《填图册》+语	《填图册》+数+语
完成人数	40	23	2	3
百分比	86.9%	50.0%	4.3%	6.5%

统计结束,继续限时 2 分钟写感言。这次,写满两行的孩子有 36 人,占班级人数的 78.3%。

那么,孩子们都写了些什么呢?

没写完的人太多了,居然还有 7 课都没完成的。在 25 分钟里,居然还有 5 个人 1～7 课的品德《填图册》没做完。但是我觉得有 3 个人全部做完了,太厉害了!我还有点慢,应该再加快速度。

我觉得我们班同学速度太慢了,7 课全通过只有 5 个,太慢了。第一、二课没写的人有 10 个,越拖越拖,最后积累得越多,会累死的。2 分钟 2 行 9 人写满,占 21%,速度过关。25 分钟里,我实在不敢相信我竟做了那么多作业!语文就差一点美文了!天哪!我平常可没那么快啊!我在飞速写作业时,丝毫不觉得累!我着魔了吗?我的字还很漂亮!我实在不敢相信。

只有 5 个人都通过,还有 41 人没通过,我只差 1 题就通过了。只有两个空我没写。我感觉 25 分钟在老师计时之后变慢了许多。原来要 10 分钟才能完成作业现在 5 分钟的时间就完成了。说明我有这个能力去在短时间内完成更多的作业。看到数据,还是一句话,有点慢了。

我觉得我的速度太慢了,应该加速,以后不能再这样了,赶紧加速。其他人写了许许多多的作业,只有我才写完《填图册》,数学作业做了一面还少一点点,我还是动作太慢,全班好多人做的量都有我的 3 倍了。

我表示无语,醉了,因为这个情况太不好了,以后必须加油了!

感觉效率很高,做完了《填图册》,也做完了数家家庭作业。时间要珍惜,不能漏一秒钟,一个人不能浪费时间、浪费生命,要利用时间来做好事,做有意义的事。

25 分钟听起来不是个小数字。刚开始觉得时间很长,因为我们曾经在数学课上计时过 1 分钟,时间很漫长,但今天,一开始就觉得时间不够,怎么 5

分钟那么快!

《与自己对话》是南非第一位黑人民选总统曼德拉先生继《漫漫自由路》之后推出的第二本书。与其说这是一本书,不如说是私人档案。在他的一生中,他始终用纸和笔记录着自己的所思所想、大小事件、艰难险阻以及诸多成就。曼德拉先生这种生活方式并不独特。在白岩松先生的新作《白说》中,他说,法国之所以可以成为一个有创造力的国度,跟他经常要停下来,面对自己,成为自己的朋友,与自己对话,与时间和空间对话紧密相关。

"见贤思齐焉,见不贤而内自省也。""修养的基础是内心对话,人在这种对话中既是自己的原告,又是自己的辩护士和法官。"无论是自省,还是阅读,都是与自己对话的一种方式,是一个人再成长的前提。

让学生学着与自己对话,总比听我们无数遍的唠叨要强许多。

10. 合作，多么美好

上课实在是一件快乐的事儿。特别是看着孩子们小脑袋碰在一起，或站或坐，或质疑或补充，在我眼中，这就是天下最美的画面。

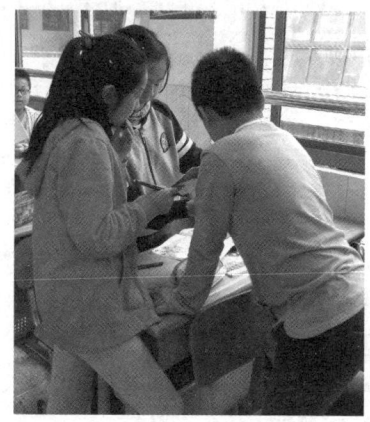 

上课，就是欣赏的时刻。

即将进入五年级下册第4单元，我们依旧从整体入手，先见森林再见树木，因此，一上课，我就让孩子们绘制1912年1月1日至1949年10月1日的历史时间轴。考虑到跨度比较大，又细分为三个阶段：1912—1922年、1923—1933年、1934—1949年。每组负责一个时间段。毕竟上课有时间限制，也只能化整为零了。相比较而言，第一段、第二段时间轴很容易，毕竟重大历史事件之前就已经涉猎到了。难度最大的是1934—1949年，第3组孩子任务艰巨呀。

独立绘制之后，又请孩子们小组交流。今天是2号汇报，其他同学补充。随后，我选了3个组的4号同学上台板书。在他们的基础上，大家又进行了补充。孩子们对这一流程已经习以为常了。

上上下下间,这条时间轴逐渐丰满起来。

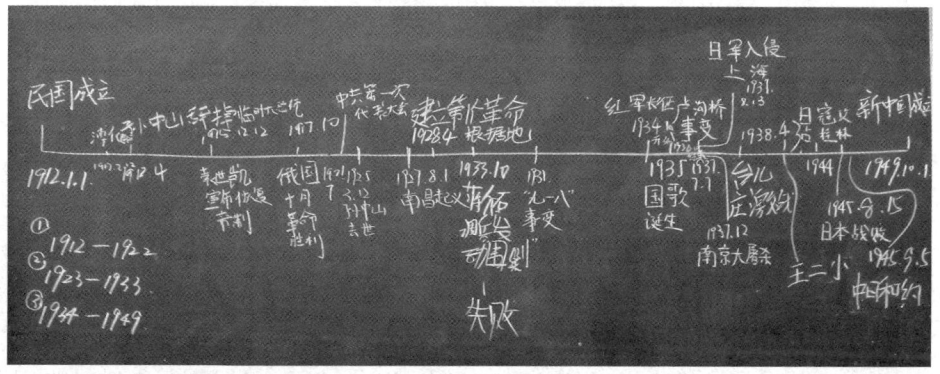

之前孩子们都是做"加法"。而我出场,就是做"减法"。标准亘古不变:保留重大历史事件。很快,时间轴就"瘦身"了。在这一过程中,更多的是孩子们在碰撞、在提议、在坚守,我只是他们的机械手、播报员。"老师,把'围剿'擦了,这不是重大历史事件。""那个写的什么?看不清。""老师,还应该添加抗美援朝。""平型关大捷必须写,这是日本侵华以来,我们打的第一场胜仗。"他们的需求,我有求必应。

我也并非一言不发:"日军入侵上海,被称为'淞沪会战',也叫'上海保卫战',找一找,什么时候结束的?""能不能缩减为5个字?""具体时间?"经过大家的通力合作,简明的历史时间轴顺利诞生。

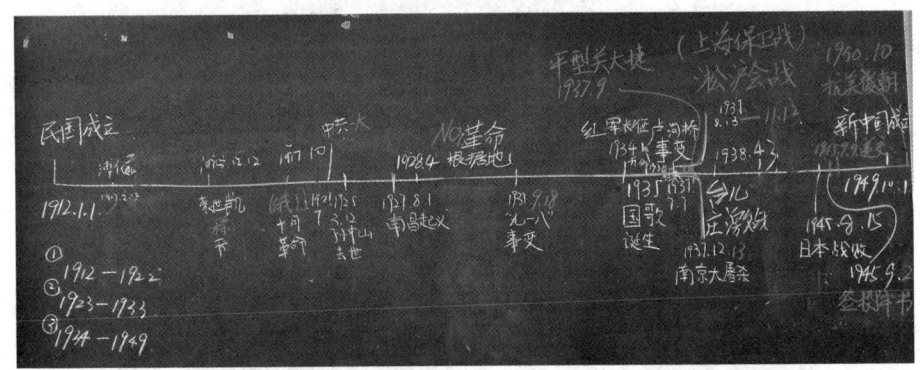

带孩子们出去行走时,有一个科目:与同桌手拉手。同桌都为一男一女,孩子们别提有多别扭了! 小手指勾着小手指算是很不错的了。为了完成任务,拉着衣角的,拽着红领巾的,还有更绝的,保温瓶、树枝,一人握一头。而现在,小组研讨时,哪有什么性别的界限,大家都站在了同一条起跑线上,大家都成了同一类人。

有一次带舞蹈团的孩子去参加区集体舞比赛。记者问一位男生:"跳集体舞男女生牵手不奇怪吗?"小伙子回答得很干脆:"蛮自然的,抓着跳,更认真。"跳舞也好,学习也罢,之所以没了隔阂,只因为合作伴随着任务驱动,自然心无旁骛,澄静清明。

为什么合作是这样美好?

因为"合作"实现了互惠。我们的小组学习不以竞争为目的,"随机选择同学上台板书",这就需要全组同学必须群策群力,必须相互搀扶,必须步调一致。于是,有孩子主动担当起了"教师"的角色,有孩子主动放慢自己的脚步,更为可喜的是,有孩子主动请教了。在以往教学中,我发现,越是不懂的学生越容易有"孤军奋战"的倾向:试图凭借自身的能力克服困难,试图凭借自身的努力摆脱困境。因此,他们总是处于孤立无助、失败、受挫的状态。但现在,他们主动寻求同学帮助了,主动发表个人见解了,主动参与讨论了。而学习,恰恰就是在差异中产生的。

  小组交流中,之前独立学习时获得的片断经验,开始串联了起来。即使有的组员一时不能理解,有意义的经验积累,也为来日参与挑战准备好了条件。这样的合作,多么美好。

11. 交流，也可以如此安静

看着下面图中这人头攒动的场面，大家的耳畔也许会产生"嗡嗡"的条件反射。身处大班额教室，小组讨论、全班活动，必定与此起彼伏、一浪高过一浪的声响相联系。这也难免，那么多孩子，都有抑制不住的表达欲望，你不让我我不让你，当然会越说越兴奋，越说声音越高亢。可是，从交流的效果而言，孩子们的收获真的如这场面一般红火吗？很遗憾，从我的调查来看，从我阅读的前人研究来看，并非如此，反而成反比。基于多年的课堂观察，日本著名教育家佐藤学教授就提出：倾听他人的声音是学习的出发点，越会倾听的学生越善于学习。当一个人沉浸在自己世界里的时候，他的耳朵是关闭的，他的心灵也是关闭的，自然无法学习。

怎样让孩子们的学习真正发生？我从最直观的音量说起。前不久去北京几所学校参观考察，中关村三小的音量图给我留下了深刻的印象。回到学校，我立刻现学现用。

音量0：没有人说话。

音量1：耳语。

音量2：小组讨论的声音。

音量3：上课发言的声音。

音量4：高唱国歌的声音。

音量5：遇到危险求救的声音。

将音量级别与孩子的日常生活相结合，通俗易懂，孩子们很快就理解了。

但这只是第一步。怎样才能让我们小组讨论时的音量保持在2呢？我把问题抛给了孩子们，大家一起通过"头脑风暴"寻找解决方法。与此同时，我随机请2个孩子负责记录，1人负责单数，1人负责双数，记录时每种方法的表达尽量不超过6个字。字数限制是我们每节课绘制概念图时都要操练的，因此根本没有难度。

每个班的孩子都想出了不少解决方法。"每人2票，你觉得哪两个方法易于操作？"通过投票，甲班的票数大多集中在"只有一人说话"上，而这正是我们小组讨论的要求，关键是，以前的要求是我制订的，现在的规则是他们提出的。主体不同，感受就不同，前者是"你要我"，后者是"我要我"。乙班"按组发""传阅"票数相同。没关系，我们追加一轮投票："每人1票。"结果绝大部分同学把这1票投给了第一种方法。

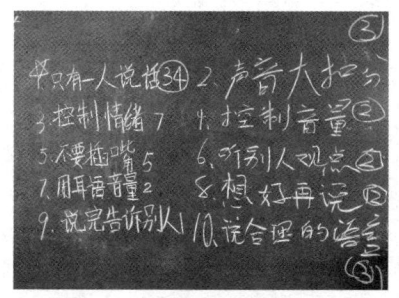

甲班讨论结果

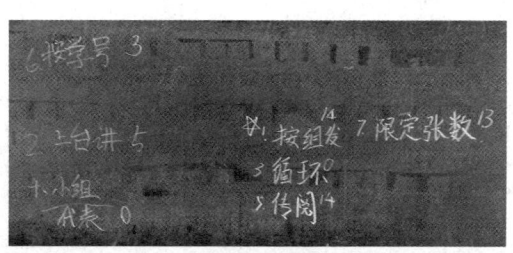

乙班讨论结果

规则制定出来了,那么我们就照此执行。我想自豪地说:效果不是一般地好。无论是甲班的小组讨论,还是乙班的下位分发、看照片,场面热火朝天,而声响,自始至终,全班40多人的音量总和都没有超过音量2。

孩子的变化为什么会这么大?因为我放弃了控制,因为我们专注于问题的解决方案,因为他们在此过程中体验到了归属感和自我价值感。不惩罚,不说教,只要友善而坚定,我们共同度过的每一个时刻都可以如此美妙。

12. 法律护我成长

怎样进行法制教育？怎样让孩子们理解权利与义务？怎样让他们深切感受到法律并不遥远，它就在你我身边？一直以来，这都是我的困惑。我曾经按照教材的编排来上课，但是总觉得隔靴搔痒，照本宣科；曾经就法律条文来谈，但是高高在上，言语生硬，没有温度，别说孩子，我自己都不感兴趣；曾经用公民实践活动的方式进行，但是时间跨度太大，而且涉及的法律条文相对比较单一，与儿童的生活契合度又不高。今年再辟蹊径。

之前我们用思维导图的方式，梳理了与儿童有关的权利、作为公民应尽的责任。这节课，就开始具象分析，我们从一个案例入手。

案例选自《填图册》：儿童甲在去儿童乙家玩耍时，不慎掉进儿童乙父亲开挖的菜窖里，导致骨折。儿童甲的父母认为是由于儿童乙家没有采取安全措施才导致事故，要求赔偿。但儿童乙的父亲认为是儿童甲自己不小心所致，拒绝赔偿。你认为儿童甲能打赢官司吗？说说你的理由。

第一步：独立思考，绘制思维导图。计时2分钟。

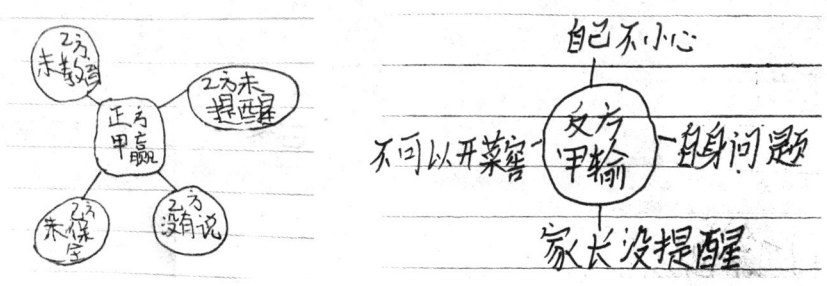

第二步：小组交流，各抒己见。计时5分钟。

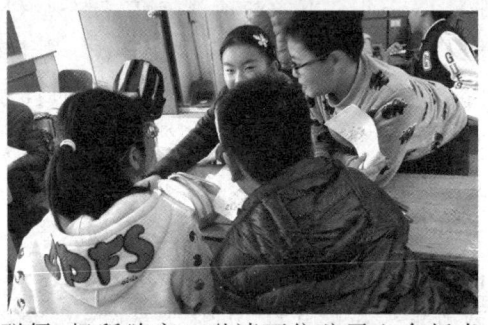

第三步：舌战群儒，畅所欲言。邀请两位孩子上台板书。计时6分钟。

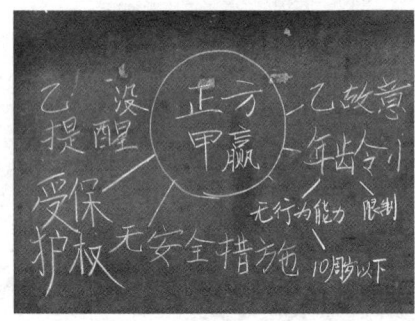
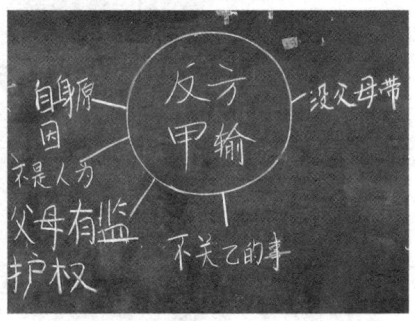

小宋板书　　　　　　　　　　　小谷板书

第四步：评点，分析。

点赞发言："小宋同学考虑问题周全，从年龄、身体状况等各个方面进行了分析。"就此我也补充了一点："18周岁以下是未成年人。在未成年人中，还分为无民事行为能力人、限制民事行为能力人。这个区分以10周岁为界。"孩子们马上就联系到自己了："我们现在已经是限制民事行为能力人了。""一点儿不错，你们都要对自己的行为负责哟。""小谷同学能结合案例，引用法律条文，支持自己的观点。"

　　评点板书："有没有可以归并的？有没有需要补充的？"有了之前点赞的经验，孩子们开始从具体案例中跳出来，利用法律条文引经据典。此时，之前绘制的权利责任思维导图立刻就显现出了强大的作用。

　　如此分析之后，再回到案例本身，这场官司甲家是赢，还是输呢？孩子们已经能辩证分析了：甲方父母没有尽到监护义务，乙方父母没有尽到保护义务，双方都有错。这场官司没有赢家。

　　到此，还不能结束。我们还得与自己的生活对接："在我们身边，你在哪里看到了法律的身影？"话音未落，我就开始犹豫了，如此表述，孩子们会不会无法理解？好在立刻就有孩子站了起来："建筑工地都设有围栏，这就是对我们的保护。"一石激起千层浪。"进入建筑工地必须戴安全帽。""建筑工地入口有警示标志。""还有防护网。既保护建筑工人，又防止高空坠物。"除了建筑工地，他们还联想到了高速公路两旁的护栏；联想到了国外的法律——严禁父母将未成年儿童独自留在家中；当然，还联想到了我们的学校——走廊上的护栏、楼顶花园的护栏、校园喷水池边的警示标语、教室外侧窗户边的不锈钢管……原来，法律并不遥远，它就在我们身边。正是法律的规定，保护着我们健康成长。

　　孩子们开始完成《填图册》了。有两个孩子说，自己的没发到。于是，我顺手打开这两个孩子的柜子寻找，马上就有孩子抗议了："老师，你侵犯了我们的隐私权。"我赶紧把手缩了回来："对不起，我改正。"

13. 从二元对立到二元互补

从二元对立到二元互补,究竟有多远?

"从 2009 年开始,希腊就陷入了财政危机。作为欧盟,是救,还是不救?"课堂上,围绕这个话题,孩子们先独立思考,再交流观点并上台板书。台下慷慨陈词,台上奋笔疾书,各有各的热闹。

面对满满一黑板的分析,我们从何入手?孩子们已经知道了:老规矩,做减法。经过一番讨论,很快,归并整合,"救"与"不救"的理由显现了出来。让人可喜的是,关于"如何救",孩子们还提出了两套方案:先不救再救、先自救再救。

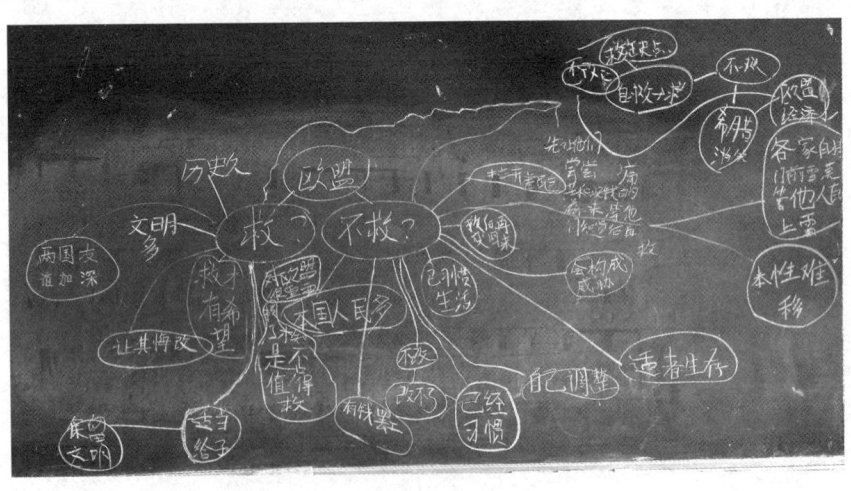

欧盟	
救	不救
• 历史久 • 文明多 • 友谊加深 • 让其悔改 • 救,才有希望(否则内部瓦解) • 对欧盟很重要(一荣俱荣) • 希腊人也是人 ……	• 自己调整 • 适者生存 • 本性难移 • 负担重 • 无底洞 • 无偿还能力 ……

通过分析,救的好处大于不救。现实也是如此,欧盟的确伸出了救援之手,而且如同学们设想的那样:希腊必须首先自救。可是,尽管如此,从2009年到现在,希腊并没有从经济危机中挣脱出来。美国《华盛顿邮报》报道,随着英国脱欧,欧盟领导人担心法国、匈牙利、瑞典、荷兰、丹麦、希腊等国很有可能是下一个要脱离欧盟的国家。甚至还有学者预测,欧盟也会解体。

如果欧盟解体,对于目前世界两大经济体中国和美国,会产生怎样的影响?我请孩子们独立分析。对于六年级的孩子来说,这个话题实在太过宏大,他们可能从来都没有触碰过,更谈不上留意了。但这并不代表他们没有思想。此次评分标准如下:从一个角度思考的得1分,从多个角度思考的得2分。只字未写的不得分。通过统计可以看出,绝大部分孩子是二元对立思维,也称一元思维。全班44人有5人没有直接盖棺定论,而是从"利""弊"两个方面来分析欧盟解体对中、美的影响。有1人还增加了一个角度:欧盟解体对欧洲各国的影响。

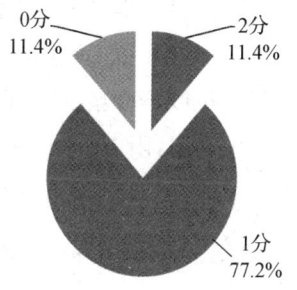

得分	人数	比例
2	5	11.4%
1	34	77.2%
0	5	11.4%

把孩子们提出的观点加以汇总、分类,大体如下:

欧盟解体			
中国		美国	
有利	不利	有利	不利
• 经济提升 • 汇率变化（货币贬值） • 压力小 • 危机减小 • 保持世界前2 • 减少竞争对手	• 减少出口 • 直面美国 • 面对大量国家 • 重新制定规则	• 实力增强 • 减弱欧洲势力 • 独霸世界 • 减少威胁 • 坐山观虎斗	• 无合作方 • 无支援 • 贸易受限 • 军事无法协作

这些观点没有对错之分，都有其合理性。而我提问的目的也不是希望通过辨析得出某一结论。所有的这些都只是形式，推动儿童的思维由二元对立转向二元互补，才是真正的内核。

为什么我会特别关注思维方式呢？因为思维方式是哲学研究的范畴。有学者认为，不同的历史阶段有不同的思维方式，前现代社会以二元对立思维方式为表征，所谓"不是……就是……"，所谓"有我无你"，所谓"非友即敌"。现代社会以二元互补思维方式为主导。更重要的是，思维方式还影响着我们的日常生活。如果习惯于二元对立思维，我们就会始终从一个固定的视角看问题，所获得的答案也就只能是固定的，必然无法避免片面性；而二元互补思维，有助于我们以更加宽容和开放的心态对待多元、丰富的现实。它展现了大千世界的根本之道：互生、互惠、互存、互栖、互养；结果也正如中国文化所秉承的：从"阴中有阳，阳中有阴"到"阴阳互生"，从"刚中有柔，柔中有刚"到"刚柔相济"。

14. 原来是前额叶

许多年来,我们一直以为,儿童一旦进入青春期,他们的大脑发育过程基本上就完成了,青少年的头脑和成人的没有太大差别。可身边众多的现实问题一直困惑着我,为什么进入青春期后,孩子会发生那么大的转变?直到看了《青春期的烦"脑"》一书,才算是找寻到了答案,原来青春期依然是大脑发育的关键阶段。

该书作者弗朗西斯·詹森是国际著名神经学家,不但学术成果卓著,而且亲手带大了两个毛头小子。两个儿子都顺利度过了青春期:大儿子安德鲁在卫斯理安大学攻读医学和哲学博士学位,小儿子威尔毕业于哈佛大学。在本书中,她用平实的语言、可靠的数据和丰富的事例介绍了有关青少年大脑发育的各种知识,为我们提供了一个审视青少年的独特视角。

詹森认为,青少年的大脑处于一个非常特殊的发育阶段。在这个阶段,青少年有其独特的不足之处,但也有强于成人的地方。它能产生巨大的刺激,学习能力也相当惊人。同时,这一令人兴奋的发育期同样充满着各种危险,如冲动、冒险、情绪大幅波动、缺乏远见以及缺少判断力。这段人生旅程既让人兴奋,又充满风险,青少年很难单枪匹马安全过关,他们需要来自家长、监护人和老师的正确引导。詹森强调:"了解青少年的局限,我们就能做到既不被孩子们的行为惹恼,不对其感到困惑,又不会轻易缴械投降。我希望各位能牢记一点:不管孩子们说了什么或做了什么,先不要发火,平复一下心情,从一数到十。"

借助现代科技,詹森博士向我们揭示了大脑发育的轨迹,那就是从后往前。负责提供理性推理和平衡情绪、具有计划和执行控制机能的脑区——额叶(也叫前额叶)在青少年时期尚未连接完全。因此,感觉先成熟,理智后发育。

其实,早在 20 世纪 60 年代,脑神经学家保罗·麦克莱恩就通过研究发现,人的大脑大体是由三层组成的。最下面的一层是脑干,是"原始的大脑",出生时便已经形成,起到调节呼吸、血压、体温和心跳等作用,是维持生命所必需的基本功能。脑干上面是大脑的边缘系统,位于脑半球的内侧下方,主要负责情绪控制、记忆和激素分泌等。第三层是占据大脑后侧约1/3的前额叶,主要负责思考、判断、决定先后顺序以及控制情绪。由于它具有高度的精神功能和创造功能,是人类特有的,因此可以称它是"人类的大脑""理性大脑"或"大脑总指挥部"。边缘系统成型于青春期,男性一般在30岁时前额叶完全成熟,而女性则在24～25岁。所以,要求一个前额叶尚未发育成熟的孩子像大人一样思维和判断,他们就会由于无法判断他人对自己的要求,而陷入混乱之中。

那么,除了等待,我们就束手无策了?不是。感谢近期接触到的另一本书《全脑教学》。作者克里斯·比弗尔提出了五项课堂守则,我最中意这三项:迅速执行指令、做出聪明的选择、让老师开心。最后这条守则主要有三层意思:一是学生应当尊重老师,二是学生的行为是否尊重老师是由老师个人全权判断的,三是让老师所制定的课堂守则无漏洞可寻。

我把这三项守则也运用到课堂,我这样和孩子们解释:目前你们的额叶还没有发育完全,经常感情胜于理智。而作为老师,我们的前额叶都已经发育成熟,因此,在青春期这段时间,我们就是你们的前额叶,帮你们做出聪明选择,帮你们做出正确决定,你们只需迅速按照我们的指令执行就可以了。

当然,除了被动接受外,孩子们也要努力做出聪明选择,锻炼自己的前额叶,促进其快速生长。这也是我为什么坚持培养孩子独立绘制概念图的原因。

每天上课伊始,我们都重温课堂规则。通过仪式,让孩子们先入眼再入心,最终改变外显的行为。

"渔"胜于"鱼"——停留,即调整

1. 停一下,是为了调整

临近期中,我进行了随堂检测。事先没有告知,就是想看看孩子们真实的学习状态。试卷内容很简单:一条时间轴,上面有8个节点,请按照时间顺序写出8个重要历史事件及其发生的时间;两张思维导图(鸦片战争、辛亥革命),要求从"背景""结果"两个维度来梳理。

试卷很快改完,我又请孩子们各自统计了半学期以来的课堂发言加分情况,两项相加,即为此次检测得分。当然事先声明,此次检测只是用来了解自己的学情,不计入总分。有孩子立刻拍了拍胸脯,算是把心安下了。

我注重的是反思。分析完试卷,我请孩子们就此次检测寻找自己的长板和短板,思考下半学期的学习需要做哪些方面的改进。

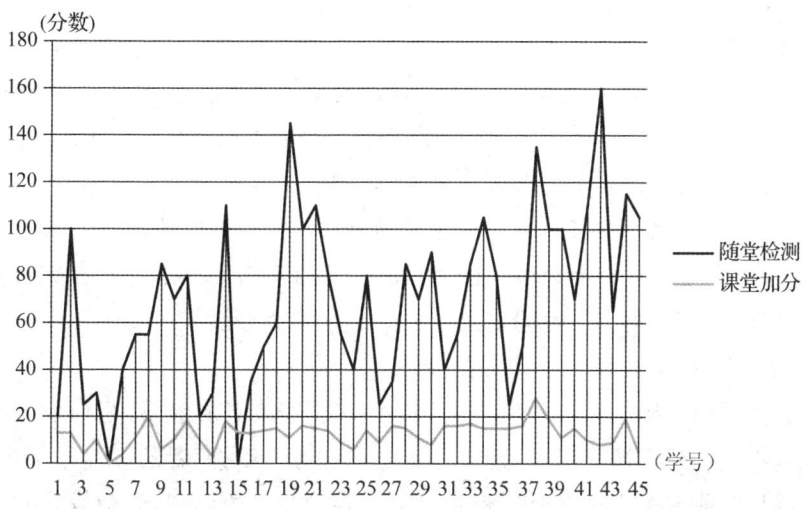

从这张图表中,我们能看出:

1. 随堂检测差距明显。"难者不会,会者不难"。如果说不难,那是因为都是之前的授课内容,没有超出大纲和教材;如果说难,还真是难,课堂上,有孩子在收拾书包,有孩子索性趴在了课桌上。他们都被难倒了。

2. 课堂加分暗潮涌动。每节课无论发言多少次都只能加1分,看似区分度不是很大,水波不惊,其实暗潮涌动。最高分与最低分之间有28分的惊人差距。

为了具体了解孩子们的现状,我做了一些粗浅的统计和分析。

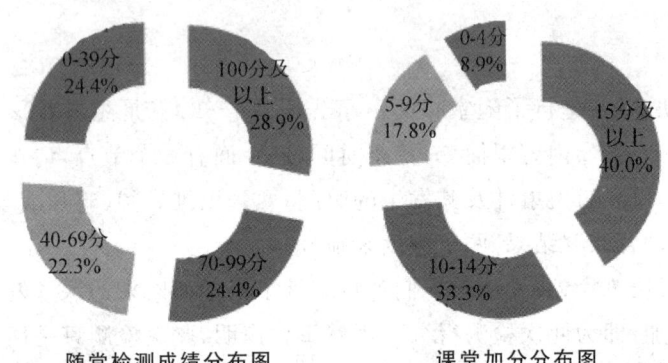

随堂检测成绩分布图　　　课堂加分分布图

从分数区间能够看出,班级53.3%的孩子随堂检测成绩比较理想,22.3%的孩子课堂参与度不高。在孩子们的自我分析中,他们也意识到问题所在,对自己的听课方式做出了相应调整。

通过这次的检测,我发现我的长处是:① 思绪不乱,不会将类似的东西搞混;② 能记住重要的关键点。我发现我的短处是:① 能记住事件,但记不住事件发生的具体时间;② 记录东西的时候,什么都记,没有简明扼要。

根据这次检练,我发现上课一定要听讲解,而不能只顾着抄思维导图,要理解。下次还要配个眼镜,省得看不清黑板,要认真和同学交流。对于下学期,我希望可以对照上面,核对自己的表现,看看上面的要求有没有达到。

对学生而言,改进学习的要点主要集中在两个方面。

一方面,积极思维,不能等、靠、要。

从上学期开始,我就给每个孩子发了一本课堂记录本,希望他们养成不动笔墨不读书的习惯。但是,记录一定是在思考之后,两者的顺序不能颠倒,更不可只顾前者抛弃后者。看似思考无法在记录本中体现,看似发言只能加1分,但是,这看不见的能力是非常重要的。

日本佐藤学教授说:"学习,是从身心向他人敞开,接纳异质的未知的东西开始的,是靠'被动的能动行为'来实现的行为。"何谓"被动的能动行为"?这就与倾听有关了。佐藤学教授研究发现,善于学习的学生通常都是善于倾听的儿童,只爱自己说话而不倾听别人说话的儿童是不可能学得好的。边听边思,先思后听,听后再思,这种看似被动实则能动的行为,就是倾听,只有打开自己,才能真正理解知识,进而融会贯通。

另一方面,提炼概括应抓住重点,简明扼要。

之所以把思维导图介绍给孩子们,就是希望他们能快速提取有效信息,将各种零散的资源融和、构建成一个系统,促使他们对问题进行全方位和系统的描述与分析。当然,这种学习方式的掌握,并非一蹴而就。为此,同学分享、主题研讨,我们都绘制思维导图。或独立,或交流,或板书。我一再强调:什么可以保留?哪些应该删去?讨论的过程,就是分享的过程,就是提升的过程。因此,又回到前一方面,只有积极思考,才能掌握要领,事半功倍。还是那句老话:"磨刀不误砍柴工。"

改变是不可避免的,虽然未来世界将怎样改变充满了不确定性。但是,基本原则异常清晰:既然我们无法准确地预测现在的学生在10年或20年后需要什么样的知识,那么比起现在教给他们的知识内容,教会他们自学的方法、培养他们自学的能力无疑更重要。因此重要的不是学到了什么,而是学习新知识的能力。建立起良好的思维体系就是非常重要的自学能力。

希望学期中间的片刻停留,能让我们不忘初衷,重温当年为何出发,更促使大家面向目标,及时调整航线。方向永远比努力重要,能力永远比知识重要。

2. 就这样，一天天拉大

以单元为单位，我们共同研讨。《填图册》也是如此完成的。虽然各班完成的时间并不相同，但对于同一班级中的每一位同学来说，内容却是一致的。批改作业时，我做了一个小小的统计。

进度	六(4)班		六(5)班	
	人数	百分比	人数	百分比
基本未动	0	0.0%	1	2.1%
正在完成第1课	8	19.0%	19	40.4%
正在完成第2课	20	47.7%	21	44.7%
正在完成第3课	8	19.0%	3	6.4%
三课均完成	6	14.3%	3	6.4%

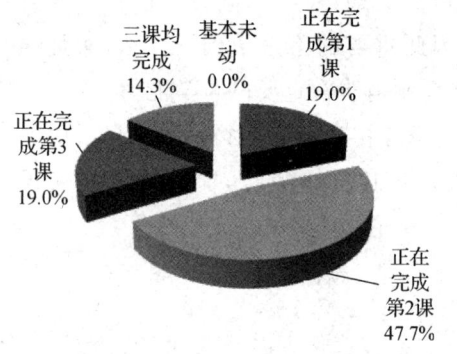

六(4)班完成效率分布图
注：实到 42 人

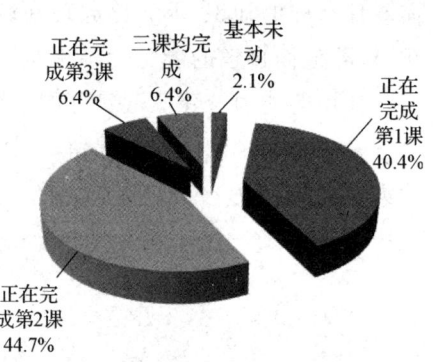

六(5)班完成效率分布图
注：实到 47 人

不可否认，孩子之间是存在差异的，而且两极分化较为严重。之所以要关注作业完成效率，朴实地说，与他们未来的学习相关。明年，孩子们就要进入中学了。较之小学，中学的学习科目明显增加，自然，作业量也水涨船高。如果小学阶段就手忙脚乱，那么届时会非常不适，非常焦虑，挫败感也很强。作为老师，这是我不愿意看到的，更是会让我惋惜难过的。

原因何在？从课堂观察来看，与题目多少无关，与难易程度无关，完全是习惯使然。效率高的孩子都有一个共同的特点：专注。而作业基本未动的那个孩子，拿到《填图册》后，视若不见，继续干着自己想干的事儿，发发呆，玩玩笔，过了好一会儿，才慢吞吞地打开本子，在一道判断题上画上几笔，然后，又转而去做别的事儿了。那些第1课都没有完成的孩子，同样如此。他们已经习惯如此了。可想而知，这些孩子课后一定花费了大量的时间用于完成家庭作业，但即使完成了，正确率也不高。

一旦形成了习惯，就不单单是作业如此了。

现在我们必须正视：面对差距，我们可以缩短吗？当然可以。同时我也在思考下面几个问题。

- 孩子们设想过自己的未来吗？

如果我们把生命比作旅途，那么我们每个人的眼睛就好像探照灯。我们永远只能看到自己所在的一百米范围内，一百米开外的地方到底怎么样？并不清楚。因此，在我们的视野范围之内，需要精细的计划；在听说的范围之内，需要大方向的规划；而在那些连听都没有听到过的地方，则需要相信。

就现状而言，近在眼前的就是小升初，每个孩子都在为心仪的中学而奋斗。但是，在脚踏实地之前，我还是希望孩子们能仰望星空。否则，很可能是闭着眼睛奔跑。作为老师和家长，如果可以，我们能否和孩子们聊聊未来：他有着怎样的梦想，他希望自己的未来是什么样？

拥有了梦想，也就拥有了前行的方向，有了奋发的动力，成长的路径也就逐渐明晰了。中国有句古话：磨刀不误砍柴工，就是这个道理。

- 孩子们规划过自己的时间吗？

如果说，设想未来是规划；那么，接下来，就要精细计划了。传统时间管理法的核心是以"急"为重。要想高效管理时间，在考虑行事的先后顺序时，应先考虑事情的"轻重"，再考虑事情的"缓急"，这就需要借助"时间管理优先矩阵"这一分析工具。

	紧迫 ——→ 不紧迫	
重要	A 重要 紧迫	B 重要 不紧迫
↓ 不重要	C 紧迫 不重要	D 不紧迫 不重要

时间管理优先矩阵

把孩子每日要做的事全部罗列出来,然后请他独立分析,将事情填入相应的象限内,第一象限"重要且紧迫"、第二象限"重要但不紧迫"、第三象限"紧迫但不重要"、第四象限"不紧迫也不重要",而这就是做事的先后顺序。

将日常生活中的常见事项进行归纳,基本如下表所示。

	紧迫 → 不紧迫	
重要 ↓ 不重要	A 危机 紧急状况 有限期压力的计划	B 学习新技能 建立人际关系 保持身体健康
	C 某些电话 不速之客 某些会议	D 琐碎的事情 某些信件 无聊的谈话

我们要做的,就是提供工具,让孩子看到真实的自己,以及他能够成为的更好的自己。

为了确保能够实施,使用这一工具时,不允许太多的人参与,因此,课上,我没有组织孩子们讨论,只能拜托家长了。

● 孩子们能够按照顺序执行吗?

如果说之前我们是引领者,那么现在我们就该是陪伴者,是一直陪伴其左右鼓掌欢呼的支持者。

《战胜拖拉》的作者尼尔·菲奥里在书中写道:"我们真正的痛苦,来自于因耽误而产生的持续的焦虑,来自于因最后时刻所完成项目质量之低劣而产生的负罪感,还来自于因为失去人生中许多机会而产生的深深的悔恨。"正因如此,我们常常很难从原有的心智模式中挣脱出来。

在这凤凰涅槃的关键时刻,孩子们最需要的是理解、是等待、是提携,而不是批评、不是训斥,更不是打骂。

我们可以怎么做?向大家推荐"番茄工作法"。做法也很简单。

1. 规划今天要完成的几项任务,将任务逐项写在列表里(就是时间管理优先矩阵)。

2. 设定你的番茄钟(计时器、软件、闹钟等),时间是 25 分钟。

3. 开始完成第一项任务,直到番茄钟响铃或提醒 25 分钟到。

4. 停止工作,并在列表里该项任务后画个✕。

5. 休息3～5分钟,活动、喝水、方便等等。

6. 开始下一个番茄钟,继续该任务。一直循环下去,直到完成该任务,并在列表里将该任务划掉。

7. 每四个番茄钟后,休息25分钟。

我们课上已经引入了"番茄工作法"。遗憾的是,我一周只有两节课。

只要行动,所有的改变都是可以实现的。我相信,现在拉大的距离,是可以一天天缩小的。

3. 课上与课下

本周两节课，我都进行了当堂检测。六(4)班和六(5)班教学进度相当，两个班第一节课先以活动的形式展开复习，然后检测；第二节课上课伊始进行回顾，随后就搁置一边，开始新授其他课文了，等到下课前3分钟进行检测。

等第	第1次	第2次
优	44.5%	54.3%
良	22.2%	17.4%
及格	13.3%	19.7%
不及格	6.7%	4.3%
0	13.3%	4.3%

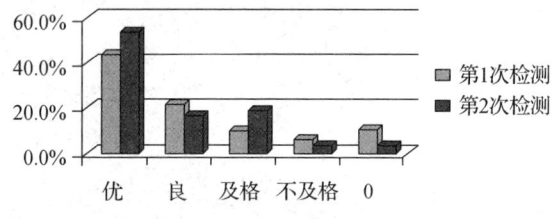

六(4)班抽测情况

等第	第1次	第2次
优	26.7%	54.3%
良	33.3%	13.0%
及格	13.3%	13.0%
不及格	22.2%	19.7%
0	4.5%	0.0%

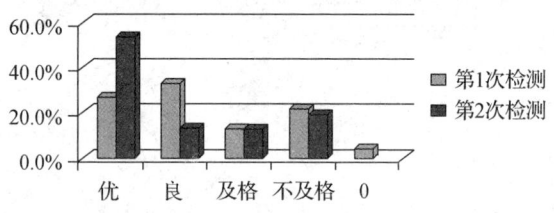

六(5)班抽测情况

因为外出开会，六(6)班的课实在没法调开，只能请教导处安排了，所以，第一节课新授后直接检测；第二节课则与另两个班一致。

等第	第1次	第2次
优	4.5%	46.7%
良	40.9%	13.3%
及格	25.0%	17.8%
不及格	20.5%	20.0%
0	9.1%	2.2%

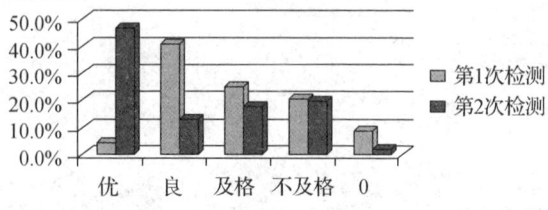

六(6)班抽测情况

通过数据分析,我们能看到,三个班第 2 次抽测的情况都明显优于第 1 次,这再次说明了复习巩固的重要性。

那么何时复习比较妥当呢?

首先,作为品德学科,布置课后作业是不太现实的;从孩子们自身而言,让他们回家主动复习更是奢望。不是说他们不具备这样的能力,而是进入六年级,他们已经把时间都掰开来用了,我不能为难孩子们。其次,就是我对复习的认识。复习不一定得在课后进行,不一定得作为作业布置下去,它完全可以在课堂之上进行,并且,最好能让孩子们从小就养成这样的习惯。由近及远来说,小学阶段,学习科目不多,回家还有时间进行复习,进入中学之后,如果还是如此,那么,必定会捉襟见肘,慌乱繁杂,临时抱佛脚,通宵达旦,在所难免。如果我们把复习放在课上,势必可以减轻孩子们的课后压力。艾宾浩斯的遗忘曲线,大家都耳熟能详。他向我们揭示了记忆的奥秘:遗忘在学习之后立即开始,而且遗忘的进程并不是均匀的。最初遗忘速度很快,以后逐渐变缓。简而言之,遗忘的发展是"先快后慢"。因此,学得的知识在第 2 天,如不抓紧复习,记住的就只有原来的 27.8%。随着时间的推移,遗忘的速度减慢,遗忘的数量也就减少。所以,最重要的复习一定是在当天,而最佳的时机,当然是 1 小时内,这不正是课上时间吗?

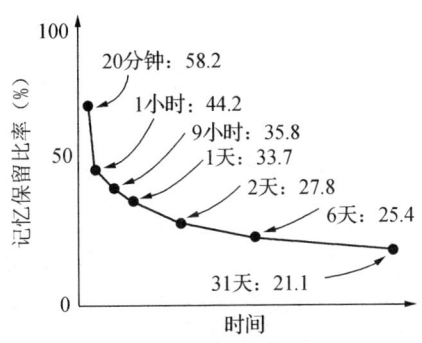

艾宾浩斯遗忘曲线

之前看过许多关于学习的经验介绍,很多优秀学子都有一个习惯:放学回家,先复习当天所学再完成家庭作业。这一方法,就是抓住 9 小时这个尾巴。如果能课上就及时复习,不就如虎添翼了吗?

和前两个班相比,六(6)班缺少了一次系统复习,虽然第一次抽测成绩远远落在后面，但是，从第二次抽测看，他们已经追赶了上来。这再次说明，课上复习，哪怕只有短短五六分钟，也能起到四两拨千斤的效果。

　　课上能否进行主动复习？当然可以。除了复习课之外，老师上课时，经常在进行隐性复习。比如说，上课时，老师会对上节课的内容做一回顾，或者检查在家预习的情况；一般一个环节结束，老师会总结板书；有的地方老师会再三强调。这些都是隐性复习。因此，上课时一定要专注，万不可走神。课上复习有多重要，我相信已经不用赘言了。

　　为什么要把检测放在下课之前？这就得说说"前摄抑制""倒摄抑制"了。前摄抑制，在认知心理学上指之前学习过的材料对保持和回忆以后学习的材料会起到干扰作用；顾名思义，后学习的材料对先学习的材料的保持和回忆起干扰作用称为倒摄抑制。鉴于此，刚开始学习的内容，与最后学习的内容一般记得比较牢。所以很多记忆方法会推荐将背诵的内容放在一日之始或临睡之前。把检测放在课的最后，也有此意。检测也是一次复习，希望借助倒摄抑制加强记忆。

　　把复习放在课上，课下又做什么呢？让孩子们好好感受生活吧。读万卷书，行万里路，便会与课上所学不经意间相遇。而下一个转角又会遇到什么？多么令人期待。

4. 复习,就是教别人

按说复习课,应该是老师大讲特讲的时候,应该是复习题纷飞的时刻,可今天这些都没有发生,和平时一样,课堂依旧是儿童站在中央,而复习,依旧是学生自主发生。

如果说,之前的思维导图是学习的工具,那么现在,它又是复习的工具。我们回顾了一下,本学期,一共抓住了6个重大事件,绘制了6幅思维导图,分别是"鸦片战争""辛亥革命""中共成立""抗日战争""淞沪会战""新中国成立"。每人选取1个事件,独立准备,2分钟后,上台脱稿汇报。难度大吗?是挺大的,完全脱稿,就意味着他们必须将思维导图从记录本上搬运到自己的大脑之中,必须在大脑中形成图像,必须将相关信息转化为自己的语言,并且得条理清晰,既让自己明白,还得能让大家听得清楚。换个角度,难度也不算大。毕竟这些思维导图已经绘制出来了,有文可循。

2分钟后,按照时间的顺序,从"鸦片战争"开始。不用我请,孩子们争先恐后,当然,坐在前排的孩子优势明显。台上1人介绍,台下学生倾听;介绍完之后,按照惯例,由汇报者邀请3名同学补充,我只负责全程摄像。

6个重大历史事件的前因后果梳理完毕之后,我们需要回顾从虎门销烟到中华人民共和国成立的漫长历史。和历史事件一样,我们也有工具可以借助,那就是历史时间轴。我分成了4个部分:1839年6月3日—1912年2月12日;1912年1月1日—1931年9月18日;1931年9月18日—1949年10月1日;1949年10月1日—1958年。4人小组合作,任选一个时间段,以开火车的形式进行回顾。立刻,小脑袋就聚到一块儿了。当然,上台汇报,依旧要求脱稿。

为什么一定要说？而且一定要上台说？这与学习金字塔有关。学习金字塔最早由美国学者、著名的学习专家埃德加·戴尔1946年发现并提出，后来，美国缅因州的国家训练实验室也做过类似的研究，结论跟戴尔的差不多，它用数字形式生动显示了：采用不同的学习方式，学习者在两周以后还能记住内容（平均学习保持率）的多少。

学习金字塔

在塔尖，第一种学习方式——听讲，也就是老师在上面说，学生在下面听，这种我们最熟悉最常用的方式，学习效果却是最差的，两周以后学习的内容在学习者脑海中只能留下5%。

第二种,通过阅读方式学到的内容,可以保留10%。

第三种,用视听,即声音、图片的方式学习,可以保留20%。

第四种,演示,采用这种学习方式,可以保留30%。

第五种,讨论,可以保留50%的内容。

第六种,实践、做中学或实际演练,可以保留75%。

最后一种在金字塔基座位置的学习方式,是教授给他人或者马上应用,可以保留90%的学习内容。

埃德加·戴尔提出,学习内容平均留存率在30%以下的几种传统方式,都是个人学习或被动学习;而学习内容平均留存率在50%以上的,都是团队学习、主动学习或参与式学习。

上台说,就是"教别人"。如果有机会,可以让孩子回家说给家长们听,让他们也来当小老师,而家长们则虚心当学生,"明知故问"。如果通过这种方式就能让孩子主动学习,何乐而不为呢?

5. 现在的，未来的

之前，看过古典著的《拆掉思维里的墙》，没想到，朋友发来的《未来30年，我们的子女将面临怎样的世界》也是他写的。这类的文章内容并不鲜见，早几年前，英国《每日邮报》就报道，在接下来20年内，英国三分之一的工作将很有可能会被机器人所取代。有学者做过这样的推算：2010年，中国中小企业的平均寿命是2.97年，世界一千强是30年，而世界五百强是40年。如果25岁参加工作，65岁退休，工作时间就是40年。这意味着如果你一毕业就创业，一创业就创成了世界五百强，那么在你退休的那一年，公司正好倒了。

古典在文末总结："我觉得未来主人翁，有这么几个技能：第一个有感性的思考力，而不仅仅是理性思考力。第二个应该有生涯应变能力和创造力，多于规划能力。第三个应该有让自己幸福的能力，让自己成功的、不成功的时候，都能幸福，从强到美是未来孩子培养的方向，我们要培养很多美的人。"因此，他写给自己一岁女儿的信中说："希望你活得认真，活得精彩，跟自己比，希望你过上我从未理解、也未曾看见的生活。也送给所有人！"

关于未来，每个人都有自己的解读，都有自己的作为。我只是在想，作为一名小学老师，我们现在所做的，真的是未来最需要的吗？我们所教授的，有多少能影响10年、20年、30年乃至更长？在抵达人生顶峰的时候，回望儿时，未来的他们会感念什么？

我想，我能做的，就是让孩子们养成睁眼看世界的习惯，让他们拥有整合事物解决具体问题的能力，让他们努力长成最好的自己，去寻求自己的幸福。

又到期末，又需检测。而我从来都认为，检测就是导向，引导儿童直面自己的学习状况，能够向着更明亮的方向行进。于是，我们不仅了解书中提及的"现代奥运之父"、希腊伟大的哲学家，还谈谈获得诺贝尔文学奖、国际安徒生奖的中国作家；不仅回忆阿拉伯数字发明人、几何学诞生地，还谈谈2016年奥运会在哪个洲、哪个国家、哪座城市举办，毕竟这是奥运会首次登陆该大陆，意义非同寻常；不仅将重要的发生年代相近的历史事件拿出来连线，还用数字为中国传统节日排序。一切从教材出发,但又不仅仅局限于此;我们从已知出发,并依此来面对未知。

于是,孩子们需要从多个角度思考:"为什么埃及人民把尼罗河称为'母亲河'?"

① 如果没有尼罗河,埃及100%都会是沙漠,而不是像现在这样沙漠占90%左右;② 尼罗河的泛滥让埃及人为了测量土地发明了几何学;③ 尼罗河泛滥下的淤泥让埃及人得以种植作物,它还有利于作物生长。

孩子们需要将单个的知识点加以整合和融通:"希腊人的饮食特点与希腊的地理、地形、气候有着怎样的关联?"

① 希腊人喜欢葡萄和橄榄,因为在希腊,阳光充足,盛产葡萄和橄榄。② 希腊地处亚、欧、非三洲的交界处,希腊人综合了三洲人的饮食特点。③ 希腊是沿海国家,所以希腊人非常喜欢吃海鲜。

以上两题都是我们课上讨论过的。孩子们还要就天下大事发表自己的观点:"2017年1月1日起行使联合国秘书长职权的古特雷斯是'第一位当过国家领导人的联合国秘书长'。《经济学家》杂志认为,古特雷斯必须加强联合国的三大支柱:发展、人权和世界和平。你同意这一观点吗?说说你的理由。如果不同意,你认为他急需解决哪三大问题。"

① 人权:我们每个人都拥有的权利。② 发展:我们每一个国家都应该有经济体系。③ 世界和平:一个老打仗的国家是富不了的,"我们要维护和平,减少痛苦。"

① 发展:很多国家经济落后,应该增强经济发展和建设发展。② 人权:很多国家都有种族问题,因此人权这项很重要。③ 世界和平:中东天天打仗,有很多难民向各国散去,这个最要尽早消除。

① 古特雷斯急需先解决"基地""伊斯兰国"等恐怖武装分子。② 古特雷斯要让美国明白,美国不是世界的老大,联合国才是。③ 了解并解决欧盟的内部问题。

① 强国对于弱小国家的干涉,例如美国使得伊拉克、阿尔及利亚等陷入了永久的战乱。② 极端分子对于中东地区的影响。③ 非洲地区连年的灾荒。

① 英国脱欧带来的影响;② 希腊的经济问题;③ 伊斯兰国(IS)。

① 朝鲜核试验。② 日本修改宪法。③ 中菲领土争端。

① 如何尽量保持联合国的存在？② 如何让一些小国不灭亡？③ 如何帮助一些小国发展经济？

① 他急需解决自叙利亚政府军开始收复阿勒颇以来叙利亚面临崩溃的问题。② 美国严重的种族歧视、性别歧视问题。③ 英国脱欧之后烂摊子一般的欧盟。

子在川上曰："逝者如斯夫，不舍昼夜。"童年只有一次，不可重来。人生，岁月，亦不可逆。希望现在的我们所做的，正是未来的他们所需要的。若能如此，便有价值和意义了。

6. 检测,是为了遇见更好的自己

昨天进行了期末检测,晚上批改了出来。今天上课,想和孩子们基于试卷,又跳出试卷,遇见更好的自己。

首先,我们得从习惯入手。我统计了孩子们做试卷的习惯。

步骤	习惯	人数	百分比
阅卷	立刻就做	12	25.5%
	边看边做	16	34.1%
	先看再做	19	40.4%
答卷	从前往后	30	63.8%
	从后往前	0	0.0%
	先做分值高	1	2.2%
	先做会做的	16	34%

从统计数据可以看出,班级中大多数孩子已经养成了先看再做的习惯,这样能够做到心中有数,利于合理分配时间、精力。从答卷的习惯来看,排在前两位的分别是:从前往后、先做会做的。前者最为传统,后者有点"柿子挑软的捏",都是不错的答卷技巧。

本次检测卷全班有3位同学获得了优。那么成绩的取得与他们的阅卷、答卷习惯有关吗?我们做了统计,3位同学都是拿到试卷先将试卷整体浏览一下,再从前往后做。也就是说,他们的习惯,和班级绝大多数孩子的习惯是一样的。看来,成绩与这两种习惯没有直接关系。

那就进入试卷吧。我们进行了梳理。本次试卷题目共分三种类型:应知应会、联系实际、批判思维。

类型	题目	扣分	人数	百分比
联系实际	二·3	－1	26	55.3%
	二·8	－1	29	61.7%
	三·10	－2	23	48.9%
批判思维	六·1 六·5	－2	6	12.8%
		－3	5	10.6%
		－4	2	4.3%
		－5	2	4.3%

批判思维满分10分,回答时要求依据史实,写出观点,但有的孩子却答非所问,甚至只字未写,实在让人惋惜;联系实际一共有8分,我们统计了3道题的得分情况,第二项是选择题、第三项是判断题,只要扣分就是答错了。从统计数据可见,有一半的孩子还未将所学活学活用,对时事新闻也不够关注。

"对照自己的试卷,你的失分点主要在哪个方面?原因是什么?新学期会做哪些调整?"我把问题抛给孩子,也把时间留给他们。让他们去和自己对话。

我批判思维这块虽然只扣了3分,但是还是觉得这些不太会,这方面阅读太少;联系实际我一分也没扣,这挺好的,但还是要多了解生活;相比之下,应知应会就扣得多了些,平时问的时候我能答出来,但一考试,脑子就短路了。

我扣分较多的是联系实际。我要更多地关注新闻大事,不能对新闻大事一问三不知,下学期要多读报纸,看新闻,或去问家长。应知应会也要再加强。

我主要错在应知应会和联系实际上,因为我在考前认为品德太简单,所以没复习,以后我应该好好听讲,多复习。

这张试卷我总体来说做得还不错,在应知应会方面有待加强,错别字有点多。做题时,最好看完再做,不要不看清题就做,在生活中要多多看新闻。

让我比较担心的是,全班的试卷分析绝大多数都是说要认真复习之类,没有人提到课堂听讲。我特地询问了3位得优的同学:"你们复习了吗?"两个孩子斩钉截铁地说:"没有。"一个孩子说:"有时间就看看,没时间就不看。"有这样一个观点:课堂40分钟不抓紧,课后4个小时都补不回来。这么说可能夸张了一些,但是,科学研究表明:听课效率与学习效果呈正相关。

我很喜欢数学特级教师王金战老师在《学习哪有那么难》中的一句话:"从辩证的角度来讲,赢不一定是好事,输不一定是坏事。"他是这样看待考试失分的:"考试中的失分就是一种无声的警告。善于抓住这些反馈信息,及时调整,才能在重大考试中发挥平稳,所向披靡。如果不注意这些反馈信息,这次考试虽然成功了,下一次考试必然大败而归。学习的起伏在所难免,正因为过程的跌宕起伏,让我们发现问题,让我们学会承受挫折,让我们学会清醒地分析自己的问题。当我们擦干眼泪,重新站起来的时候,就是一个巨人。为什么非要让我们的孩子败不起呢?"所以我也跟孩子说:"如果这张试卷你没有取得高分,请你偷着乐,因为它暴露了你学习习惯的短板、知识结构的盲点。"

所以,相对于成绩,孩子们写的自我分析更为珍贵。

让我们在新的学期,向更好的自己出发吧!

7. 贵在平时

期末检测结束,表示本学期的学习已经告一段落。但在我眼中,期末检测既是一学期的巡礼,又是新学期的号角。因此,在出卷时,三种题型做了如下分布。

批判思维占10%,两题均为简答题:"你赞成林则徐虎门销烟吗?""如果当年日军中没有军人走失,卢沟桥事变是不是就不会发生?"两个问题均选自教材内容,但需要依据史实来发表各自见解。我们不难看出,孩子们还是很有思想与见地的。

我既不赞成禁烟也不赞成不禁烟。因为不禁烟中国白银会大量流失并使老百姓倾家荡产,如果禁烟又会惹怒英国,而且那些有烟瘾的人说不定会闹事。

我不赞成林则徐的主张。因为当时清朝和英国已不能相提并论,打起来我们绝对会损失惨重。应私下里去每家进行销烟。

我不赞成。因为很多人都上瘾了,禁也禁不掉,而且英国还可能发动战争,我觉得这样对国家更不好,唯一可行的就是让还没有上瘾的人戒毒。

如果当年日军中没有军人走失,卢沟桥事变也会发生,只是时间问题,也有可能会换一个借口而已。当时日军在全球范围内肆虐地发动战争,它们是不会放过家门口的这片沃地的!

我觉得不是。我们看一下时间轴会发现,每年都有战争,1900年八国联军侵华,日本也在其中,日本对于中国这块虽大但软的蛋糕垂涎许久了。从1931年9月18日到1937年7月7日,再到1937年12月13日,日本全面侵华,日本调动了几乎全国的兵力来征战中国,肯定会想办法进入中国的。

英国把鸦片装在盾船里贴上"福寿膏"的牌子运到中国,是因为英国要扭转与中国的贸易逆差。现在欧美这样干,也是为了反贸易逆差。

联系实际占26%,在填空、判断、简答题中,均有分布。其中,有时事新闻:"2016年,第31届夏季奥运会8月5日至21日在(　　)举行。这也是奥运会首次在南美洲举行。""2016年是中国共产党建党（　　）周年。""2016年欧洲杯足球赛在（　　）举行。"有结合所学，解决当下问题的："还记得英国偷运鸦片到中国的方式吗？能不能就此谈谈为什么欧盟、美国频频就中国产品发起'反倾销'行动？"

应知应会占64%。就是应知应会，我也做了一些变通。"（　　）年，英国强迫战败的清政府签订了中国近代史上第一个不平等条约——丧权辱国的中英《　　》，中国被迫割让（　　）。"此题考核鸦片战争。"1838年，（　　）上书道光皇帝，主张严禁鸦片，后被任命为钦差大臣，前往（　　）查禁鸦片。"此题考核虎门销烟。"每年的7月1日是（　　），8月1日是（　　），10月1日是（　　）。"此题考核中国共产党成立等知识。"排序：1.辛亥革命 2.清王朝灭亡 3.中华民国成立。"考核历史时间轴，此题也是难点，更是平时教学多番强调的，中华民国成立在先，清王朝灭亡在后。

因此，单单死读书、读死书就想取得优异成绩，是万万不可能的。不过，孩子们却信心满满。检测结束，我在一个班做了一个随机调查：感觉此次检测能得优的，请起立。哗啦啦，一大片。

通过此次检测，我想告诉孩子们什么？很简单，4个字，贵在平时。中学时数学老师曾经介绍他的学习方法："大考大玩，小考小玩，不考不玩。"这话一直伴随着我，影响着我。短短12个字，道出了学习的真谛。所谓检测，是以题目的形式检测你的学习习惯，而成绩也是对习惯的评价。

平时学习，究竟应该养成哪些良好的习惯呢？

一、贵在平时听课。会不会听课，学问大着呢；会不会听课，差距大着呢。经常有老师说："我教的都是一样的，为什么同一个教室里的孩子就不一样呢？"之前，曾经帮助孩子们了解自己更为擅长的学习方式。认识自己的目的，是为了发挥长处，弥补短缺，但决不能使之成为回避问题的借口。为什么在授课时，一直都鼓励孩子们绘制思维导图，这固然是一种提炼并架构知识体系的方法；另一方面也是让孩子们增加一种感觉，让听觉、视觉、触觉等多种感官并行，有效提高学习效率。很遗憾，一学期下来，有的孩子连一本完整的记录本都拿不出来。

二、贵在平时积累。日积月累，经年累月。这不是一日之功。之前在清华大学学习时，副校长谢维和一个形象的比喻让我茅塞顿开。他认为基础教育就是日光灯，虽然光线不亮，但能照亮前方、照亮周遭的物，让孩子知道我要到哪里去;高等教育就是聚光灯,聚焦一点,往深处钻。这也是我们跨单元主题教学的出发点。因为是义务教育阶段,我们的孩子就不能两耳不闻窗外事,他们需要在平时关注生活、关注新闻、关注热点,与此同时,广泛地阅读,天文地理、历史哲学,无所不包,无所不猎。只有这样,他们才能成为有思想的芦苇,而不是让自己的大脑成为别人思想的跑马场。

三、贵在平时探究。"学而不思则罔,思而不学则殆。"积累与探究是两条平行线,齐头并进,二者就如同人的两条腿,缺一不可。我知道,进入高年级,孩子们的生活非常紧张,好像连平时的日常交流都严重缩水,哪里还有时间探索交流?其实,餐厅,就是很好的场所;就餐,就是很好的时机。只要抛出一个话题,让孩子畅所欲言就可以了。他说得对错与否,并不重要,重要的是他开始引经据典了,开始旁征博引了,开始知不足而后学了。如果可以,我们家长也可以发表自己的观点,不必人云亦云,不必高高在上,师不必贤于弟子,弟子不必不如师,在家,亦是如此。

期末检测既是一学期的巡礼,又是新学期的号角。而假期是最好的加油站。孩子们,做好准备了吗?

8. 只要勤勉,你也可以

开学第一课,我就宣布了评价公式:总评＝期末检测＋记录本＋《填图册》。当然,我也细化了评价标准,记录本:课堂发言＋1(每节课,无论发言多少次,都只能加 1 分),小组汇报＋1,思维导图思路清晰＋1;《填图册》:优＋1,中－1,及格－2,不及格－3。等到近日汇总的时候,可谓几家欢喜几家愁。很多孩子单是记录本就加了 20 多分,六(4)班小何最高,39 分;六(5)班小胡最高,33 分;六(6)班小徐最高,41 分。《填图册》共 13 课,许多孩子课课皆优,13 分轻轻松松收入囊中。

因为《成长的脚印》中,品德课只打总评分,这就要求我们不能一考定终身,需要关照孩子平时的课堂状态。而品德学科与其他学科不同,它更注重儿童行为习惯的养成,这也非一日之功,更非一张试卷就能衡量的。因此,不难看出,这一评价公式重心在后两项,也就是儿童日常的学习。

当然,我也向孩子们敞开了弥补的大门:只要书写端正,《填图册》的等第可以提升;只要补上思维导图,也可加分(课堂发言、小组汇报的加分,就没有可能了)。

期末检测之后,我们用了一节课进行统计,记录本、《填图册》同桌互换。给了一节课,让那些需要补救的孩子奋笔疾书。与此同时,也将相关情况点对点地向家长做了通报。

- 2016 年 6 月 21 日发布:今天将三项分数进行了汇总和登记,经过一个学期的努力,绝大部分孩子已经取得了优异的成绩,特此祝贺。成绩再次说明:功夫在平时。
- 2016 年 6 月 23 日发布:考虑到近期所处的阶段,今天,除了个别孩子为等第在补救外,40 分钟时间,绝大部分孩子自行安排……
- 2016 年 6 月 24 日发布:虽然昨天下午有 40 分钟补救,但到目前为止,还有个别孩子的总分不尽如人意。我已单独将目前的分数发送给了相关家长。请予以关注。

● 2016年6月27日发布:截至现在,我班品德总评:中1人,良1人,其余均为优。下午我就登分了。

各位家长的反应不太一样:有的问是否可补救、补救办法是什么;有的问能否通融,下学期再努力;有的表示感谢,然后就没有下文了。好在,前者居多。

很高兴,绝大多数孩子是勤勉的,他们不费吹灰之力就得了优。很高兴,虽然之前落后,但现在幡然醒悟的孩子是勤勉的:他们有的在课堂上就完成了补正,有的利用课间找我补正,有几位在27日期末检测一结束就来到我的办公室补正。这些孩子的努力都获得了满意的回报。

科学研究表明,智商在人群中的分布呈两头低中间高的态势,这就是说,我们绝大多数人的智力水平相差无几,而义务教育阶段,所学的内容均为应知应会,因此,孩子之间对知识的接受程度也不会有太大差距。那么究竟是什么影响着他们?这也就是考核所呈现的:意志品质、执行能力,而这些最终都成为习惯的重要组成部分。所以,丹尼尔·戈尔曼在《情商》一书中说:"现在,评价我们的标准已经变了:再也不是我们多么聪明,也不是看我们掌握的技术与技能,而是看我们掌控自己与他人的方式。"

我们的孩子还理解不了这句话,不过,现在他们应该知道:没有谁能随随便便成功。他们应该体会到:合抱之木,生于毫末;九层之台,起于累土;千里之行,始于足下。其实,只要勤勉,我可以,你可以,大家都是可以的。

第三篇 时间·空间

历史·未来

1. 历史,我们才刚刚起步

什么是历史?我不是历史系的学生,我所教的也不是历史课,但是,既然品德课包含了历史的内容,我就有必要回答这一问题。

《新不列颠百科全书》对历史的定义为:这是一门研究事件(影响国家和民族的事件)的编年纪录之学科,它奠定于对原始史料的考证基础之上,并对这些事件的缘由做出解释。《苏联大百科全书》有2个定义:1. 自然界和社会上任何事件的发展过程;2. 一门研究人类社会具体的和多样性的过去之学科,以解释人类社会具体的现在和未来远景作为宗旨。这两本百科全书对于历史的定义都凸显了"编年纪录""解释"。词源考证也是此意。英语中历史(history)一词与故事(story)一词共同源自希腊文 historia,意为"一个人的调查记录"。

回到学校,历史的系统学习是从初中开始的。初中历史和高中历史的课程标准如下。

	《初中历史新课程标准》(2011年修订)	《普通高中历史课程标准(实验)2003》
课程理念	以唯物史观为指导,坚持科学的、正确的思想导向,引导学生正确地考察人类历史的发展进程,逐步学会全面、客观地认识人类社会历史的问题。	全面发挥历史教育的功能,尊重历史,追求真实,吸收人类优秀文明成果,弘扬爱国主义精神,陶冶关爱人类的情操。通过历史学习,使学生增强历史意识,汲取历史智慧,开阔视野,了解中国和世界的发展大势,增强历史洞察力和历史使命感。
课程内容整体框架	建立在时序发展的基础上,使学生通过学习,形成较为清晰的历史时空意识,从而理解历史发展的基本脉络,逐步学会从历史发展的视角认识人类社会的演进。	普通高中历史课程由必修课和选修课构成。必修课分为三个学习模块,包括25个古今贯通、中外关联的学习专题,分别反映人类社会政治、经济、思想文化、科学技术等领域的重要历史内容,是全体高中学生必须学习的基本内容。

由此可见，初中历史是面，高中历史就是点；初中历史以建构历史发展基本线索为基础，着重突出对历史发展有重要影响的事件和人物，激发学生学习历史的兴趣，从而更好地感知、理解历史，逐渐生成理性的历史认识。高中历史以此为基础螺旋上升，以专题方式学习，学会从不同角度认识历史发展中全局与局部的关系，辩证地认识历史与现实、中国与世界的内在联系，培养学生从不同视角发现、分析和解决问题的能力。

那么，回到我的课堂，小学阶段品德课的历史教学目标何在？如果说品德课中其他内容是当下的社会生活，那么历史部分就是过去的社会生活，而社会发展是有其轨迹和脉络的，因此，历史内容的教学目标就得对接品德课标：初步掌握认识社会事物和现象的方法。

明确了目标，接下来该寻找方向了。认识社会事物和现象的方法有许多：统计法、对比法、分析—综合法等等，这些都比较具象，具体到事件或人物时可以采用，但是在起步阶段，怎样才能给孩子建立清晰的时空意识？我向学生推荐了"历史时间轴"。

历史时间轴比思维导图简单，有了数学数轴的基础，孩子们对历史时间轴驾轻就熟。"可以是横轴，也可以是纵轴。"扶上马，还要送一程，"我们一起来看第三单元，书中最早提及的重大历史事件是哪一年发生的什么事？"很快，孩子们就找到了：1839年6月3日林则徐虎门销烟。好了，第一个点确定好，其余就靠他们自己了。计时5分钟。

5分钟结束，孩子们开始上台板书。下去一拨，又上一拨。不一会儿，黑板上就写满了密密麻麻的字。

孩子的智慧就是最好的课程资源。有了这张珍贵的蓝本,我们就可以继续描画了:"这些是不是重大历史事件?有没有需要删除的?"无论是思维导图还是历史时间轴,删繁就简,去粗存精,这也是一种认识事物和现象的方法。

六(4)班绘制的时间轴如下。

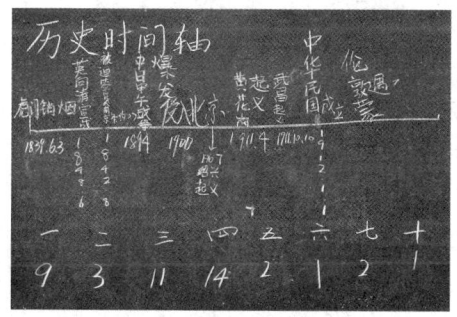
初稿

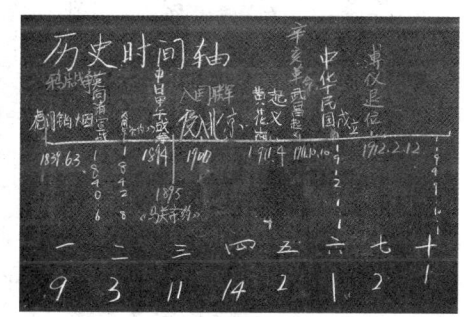
定稿

六(5)班绘制的时间轴如下。

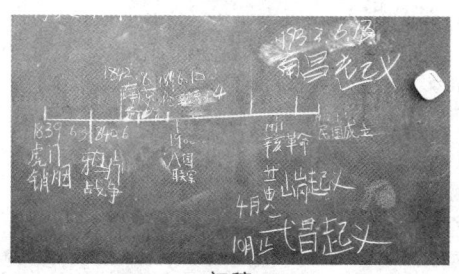
初稿

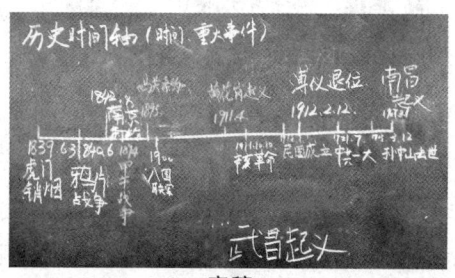
定稿

六(6)班绘制的时间轴如下。

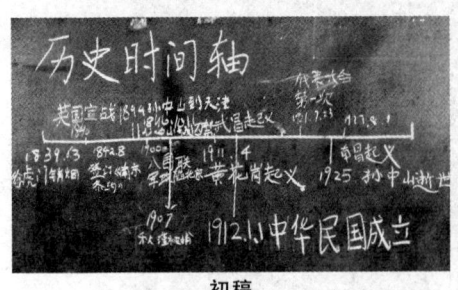
初稿

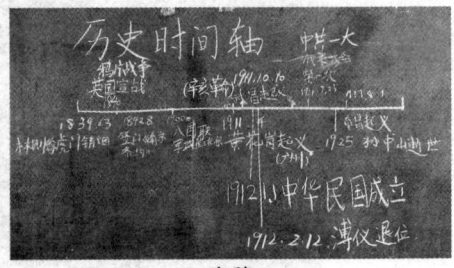
定稿

有了课堂上的讨论，大部分学生对历史时间轴有了清晰的认识，他们记录本上的历史时间轴更加完善了。

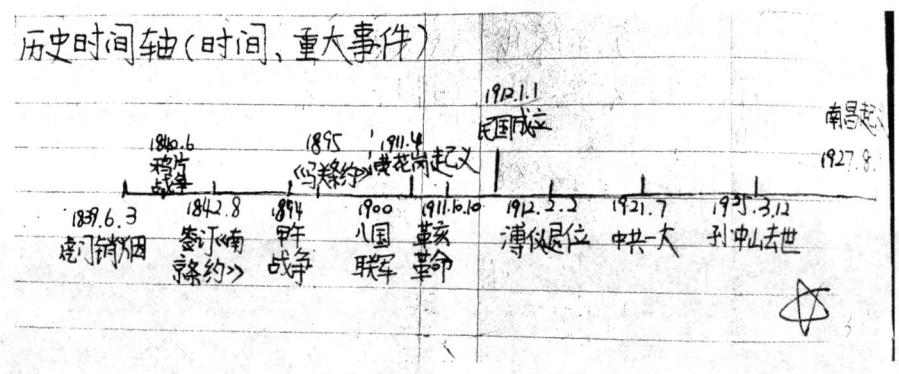

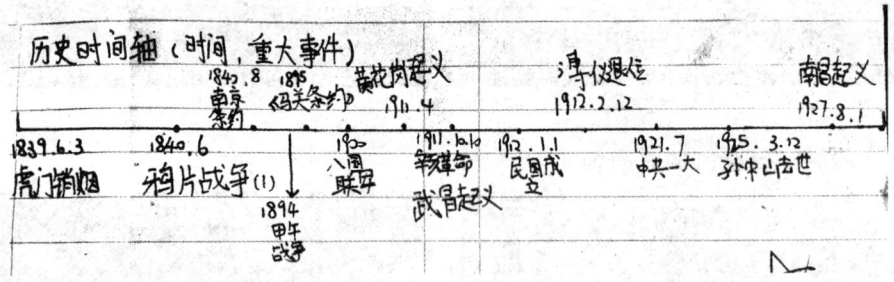

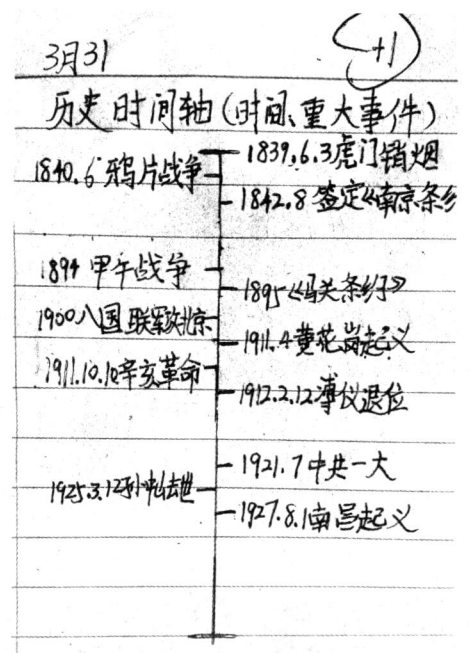

这只是中国近代史部分的时间轴,未完待续。它们究竟是怎样在中国历史长河中挥写下浓墨重彩的一笔？它们之间有着怎样千丝万缕的联系？它们又会给我们怎样的启示？这是我们随后需要共同了解的。

"以史为镜,可以知兴替。"了解历史,我们才刚刚起步。

2. 历史=现在=未来

感谢孩子们,如果不是他们,我可能依旧处于照本宣科的阶段,抱着厚重的历史,无从下手。因为有了他们,所以总能在碰撞中生出火花,照亮整间教室。

上节课,孩子们绘制了五年级下册第三单元的历史时间轴。为什么要绘制?换句话说,这种学习方法究竟有什么用?今天,就要揭开帷幕了。上节课的板书早已擦去,只能请孩子提前板书了。好在,他们都有记录本,没有任何问题。最可爱的是六(6)班的小苏同学,她主动请缨:"小曹来不及,我来帮她吧。"两人挑水干活不累。

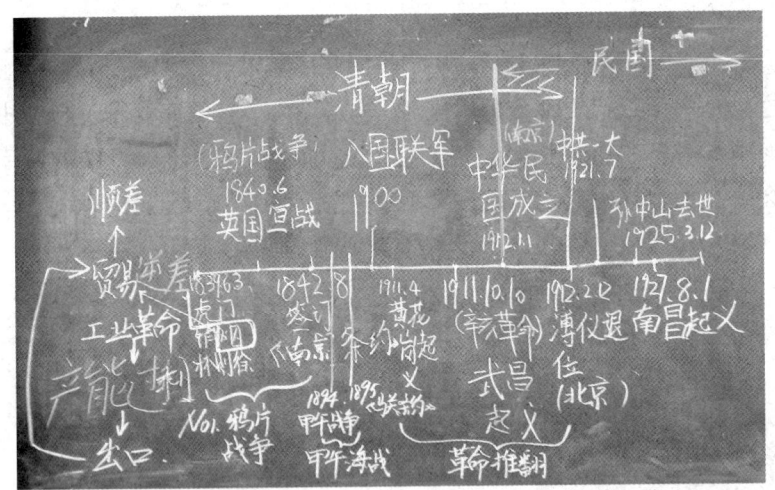

我开门见山,直奔主题:"如果将这个历史时间轴分为两个部分,你认为第一部分应该到哪儿?同桌商量商量。"小脑袋们立刻聚在了一起。经过一番商讨,他们有答案了,不过意见不一:有从1839到1911年的,有到1900年的,各有依据,互不相让。出现争执是好事,这说明他们都进行了深入的思考。之前我在微信中看到一篇文章,说探究性学习在其诞生地美国被称为"坏的学习方法"。因为孩子没有扎实的基础,一开始就让他们探究,效率极低,甚至还会衍生出一些不良现象。让他们小试牛刀之后,我便开始搭建支架了:"在历史上,一般按朝代分。"一语点醒梦中人,他们立刻异口同声:"到1912年2月12日。"这一天,溥仪退位,宣告清王朝的覆灭。这是清朝,那么民国呢?"1912年1月1日开始。"我在黑板上用两种不同的颜色一标出,孩子们便发现问题了:从1912年1月1日到1912年2月12日,这段时间是重叠的!太有意思了。"这段时间,当时的中国是什么样呢?"有孩子说军阀混战,有孩子说割据一方,有孩子说势力范围各不相同。我立刻抓住这一点,顺藤摸瓜:"他们的势力范围分别在哪儿?""清朝的统治范围在中国北方,民国的在南方。"我继续追问:"你怎么知道的?""清朝的首都在北京,中华民国的首都在南京。"这是一群多么可爱的孩子呀!

我们从清朝入手,"如果请你将这9个重大历史事件分为4组,第一组从哪儿到哪儿?"这是再简单不过的了:"1839—1842年,第一次鸦片战争。"第二组?毋庸置疑,中日甲午战争。第三组,1900年八国联军侵华战争。余下的就是第四组,辛亥革命推翻清王朝。而这4组之间是环环紧扣、层层推进的,不过他们的知识储备还不够,我们慢慢来。

就从第一次鸦片战争开始吧。我估计得一点儿没错,孩子们说了自己对鸦片战争的了解,只言片语已经不错了,更多的是凌乱混杂。好在,还是有人提到了"贸易"。那让我们就将此作为起点吧。教材中有一个材料《英国人偷运鸦片到中国》,"限时2分钟,找一找和贸易有关的部分。"孩子们找到了鸦片贸易量的剧增、鸦片贩子所获的暴利。有心的孩子还找到了这样一个看似不起眼的内容:"虽然英国的洋纱、洋布质量较好,但在中国,购买者很少。"这就有意思了,"你们能看懂吗?"问题多多:"贩卖鸦片与洋纱、洋布有什么关联?"金点子!"从中国买东西回去卖,不也赚钱吗?干什么要运东西来?"金点子!"那就4人一组讨论吧。今天我请每组3号组内发言。"而汇报时,则请了各组2号。其中我特别喜欢一个小伙子,为了不让自己的声音被其他组听见,他还特地用手遮挡了一下。

不用我来言,自有孩子会踊跃发表高见:"英国离中国很远,来一趟费用很高,说不定赚的钱还不够花的。"受他的启发,有孩子关注到商人的本质:以盈利为目的。运东西来,赚了钱,再用这些钱去买中国商品,这样不就能赚更多的钱吗?"而在当时,他们的商品卖不出去,却要购买大量中国的商品,这在经济学上有一个术语。"我板书了"逆差"一词,"与之相反,就是顺差。当时,谁顺差?""清朝。""谁逆差?""英国。"第二个问题就此解决。而这个问题也说明了当时的英国并非像孩子们开初所设想的:想用鸦片让我们意志消沉,骨瘦如柴,进而撬开国门,占领中国。

下面我们要来思考第一个问题了:"为什么要卖洋纱、洋布?"居然有孩子会想到他们生产的洋纱、洋布多。我告诉他们:"英国人瓦特发明了蒸汽机,机器开始取代手工,生产力得到突飞猛进的发展,历史上把这一过程称为'工业革命'。工业革命前后的生产力是怎样的?书中有一个例子。"孩子们很快找到了:木制手纺车每小时纺纱只有十几米,纺织机每小时织纱千米以上。差距之大令人咋舌。"这带来什么问题?"我没有想到,有孩子会提到一个非常专业的词语:"产能过剩。"而他一板书,孩子们就都能理解:产的多,卖出去的少,商品大量积压。"怎么解决这一问题?""卖到其他国家。""这叫出口。"可是在中国贸易受阻,于是,他们想到了鸦片,而通过贩卖鸦片,实现了贸易顺差。一条清晰的线索就此展现。

一路走来,孩子们畅谈的,在当下是不是都能找到身影? 历史,并不意味着过去,并不是百无一用,它就是现在,它也昭示着未来。而通过历史,找寻事件发展的基本规律,掌握认识社会事物的方法,是我们小学品德课的职责。

我给孩子们补充了两点:"英国禁烟;中国也是世界上最早制定禁烟法令的国家,举国上下都知道鸦片的危害,而英国人却能够通过销售鸦片获得暴利。""我们中国人为什么会去吸?"孩子们忍不住问我。下课铃响了,这个问题留待下一节课吧。

3. 多一把尺子，多一个视角

提起历史，孩子们，尤其是男孩子，总是口若悬河，纵横千里。相比较古代历史而言，中国近代史，他们更为熟悉，每谈及此，不是慨当以慷，就是忧思难忘：官员总是腐败堕落的，军民总是畏难怕死的，皇帝总是昏庸腐朽的，正因为如此，我们才会被动挨打。

这样的思维已经形成定式，难以撬动。

进入具体的历史事件，教材首先呈现的是"第一次鸦片战争"。上节课，我们已经梳理出了英国一方发动战争的缘由：工业革命导致产能过剩，积压的商品必须出口。但是在中国却无法打开销路，贸易处于逆差状态。在此情况下，他们开始销售鸦片，从而扭转了局势，实现了贸易顺差。上课伊始，小潘同学就带领大家回顾了这一过程。

上节课我提出一个问题：中国、英国两国政府和人民都知道鸦片的危害，英国人怎么能将鸦片销售出去的呢？我板书了一个词："福寿膏"。"看了这个商品名称，你会怎么想？""吃了它，福寿延年。""一定是一种补品吧。""这么好的东西，如果我白送给你，你要不要？"（现在不就有这样的销售方式吗？说是免费品尝，可天上哪里会掉馅饼呀！）要者有之，拒绝者亦有，后者还居多数。"让你花一点点钱，你买吗？"同样，有买的也有不买的。而这就是当年英国商人的销售策略。先送，再低价卖，等你上瘾了，对不起，得付高价了。"书中就有铁证。"孩子们赶紧翻书，动作快的马上就找到了："有一大户人家4个孩子吸食鸦片，最终家破人亡。连有钱人家都如此，更何况老百姓呢！"孩子们不禁发出感慨。

那么中国呢？当时是一种什么样的状态？孩子们纷纷发表高见："闭关锁国。""面对来势汹汹的鸦片，林则徐虎门销烟。"

鸦片战争是怎样进行的？书中没有提及，我也没有展开，直奔结果——中国战败，签订《南京条约》。这是中国近代史第一个不平等条约，意义深远。"为什么说这是一个不平等的条约？"孩子们很快就在书中找到了答案：割地、赔款、丧失主权。当然,还不止这些。我没有补全,因为这是中学历史老师的工作。

课上到这儿,应该算是告一段落了。"你们有没有什么问题?"果然有!"为什么当时的官兵不誓死反抗?""林则徐为什么要禁烟? 如果他不禁烟,也不一定会引发这场战争。""当时的中国为什么会战败?"

围绕这些问题的思考,就是对本课最好的回顾。"1 号确定问题。"各组 1 号以手势的方式告知本组同学。"1 分钟思考,最好能在书中找寻支撑。""本次交流从 2 号开始,每位同学最多说 2 句话,限时 3 分钟。"每组 4 人,每人 2 句,30 秒也就够了。3 分钟,绰绰有余。

我请每组 4 号代表本组汇报。4 号一开口,就知有没有。除了一个孩子引经据典,说了双方武器功能悬殊外,其他孩子都还停留在感觉、想象上,还是按照原先的思维定式向前滑行。

此时,该我出手了。"虎门在哪儿?""广州。""条约在哪儿签的?""静海寺。"之前我告诉孩子们,《南京条约》史料陈列馆位于南京市鼓楼区狮子山西麓的古静海寺遗址上。我把两个地点用红笔连在了一起:"你们有没有发现什么问题?"一南一北,在南打,在北签,这的确有点蹊跷。而这蹊跷恰恰说明,当时有不少地区的清朝官兵、普通百姓殊死反抗。具体人物、具体事件我都没有提及,同样,这也是初中历史课会讲授的。

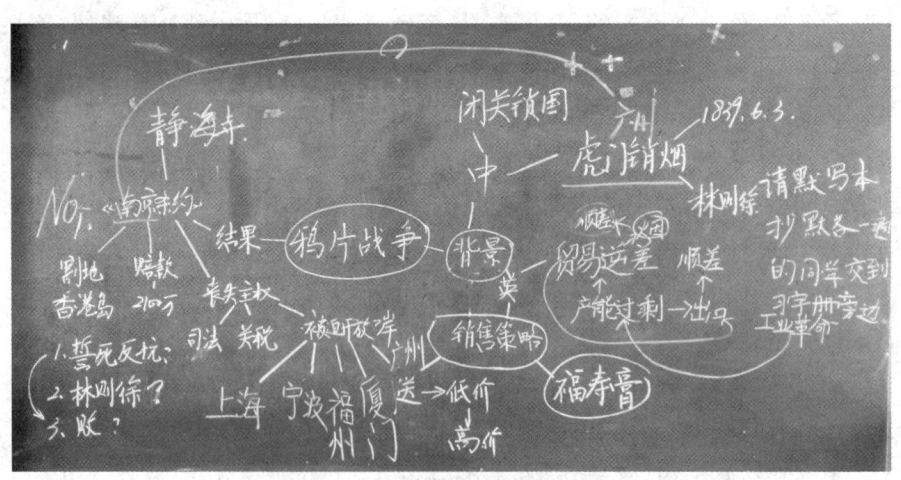

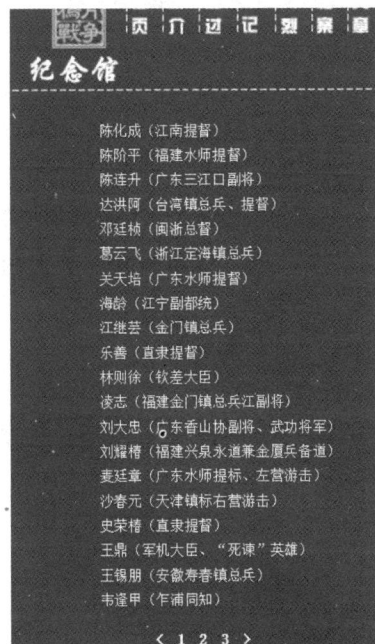
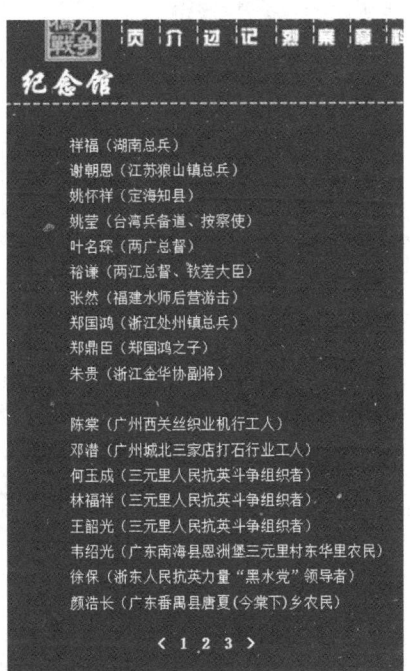
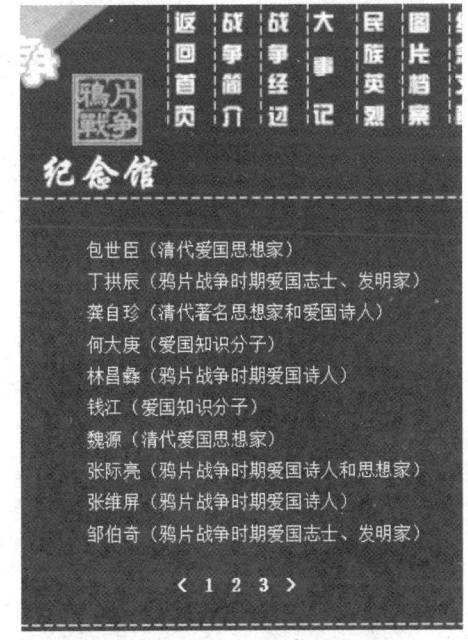

《南京条约》史料陈列馆相关资料

被逼无奈，英军只得北上，结果，先后攻陷舟山、虎门、厦门、宁波、吴淞、镇江等地，并霸占香港岛，1842年英军进逼南京，以进攻南京相要挟，与清政府签订条约。

"林则徐当时去广州，是什么官职？""钦差大臣。""什么叫钦差大臣？""是皇帝派他去的。""这说明什么？""说明当时朝廷支持禁烟，皇帝要求禁烟。"其实，当时是有两个派别的，一派是严禁派，一派则是弛禁派，几番博弈，最终，以林则徐为代表的严禁派大获全胜。我只提出一点："如果弛禁派获胜，历史是不是就会被改写？"

历史不是非黑即白、非此即彼、非正即邪，我只希望通过今天的交流讨论，能让孩子们变得更趋理性，不轻下判断，不人云亦云，换位思考当时情况下某种决定的合理性。面对历史，我们要多把尺子、多个视角，对事、对人，不也当如此吗？

4. 走进去再跳出来

历史对孩子们来说，究竟有什么用？难道让他们都成为老夫子？难道只为了解过去而已？难道就因为它是一门学科所以必须学？当然不是。抓住"背景""结果"，我们以纵览式的方式走进了鸦片战争。

面对这场战争，孩子们不禁疑惑："这一切究竟是为了什么？"如果说，之前英国出口洋纱洋布，是因为本国产能过剩，必须向外倾销；随后改为偷运鸦片，是因为洋纱洋布销售受阻，只能另想他法，商人重利，我们都能理解。那么，发动这场战争，又是为了什么？我请孩子们到战争的结果中去找寻答案。所谓结果，也就是《南京条约》。书中以表格的方式给出了一些条款，我也没有补充，能够把这些条款理解到位，已经不易了。"你们有没有什么不理解、不明白的？"果然，如我所料，不少孩子被"关税""司法""通商口岸"给牵绊住了。究竟何意呢？我没有有问必答，而是把问题又回抛给了孩子们。还是有明白人的："关税是各国海关向进出口商征收的税收。"此时该我出手了："《南京条约》规定：英商进出口货物缴纳的税款，中国须同英国商定。这就是说——？""英国商人从中国进口商品，或者向中国出口商品，中国所收关税得和英国人商量。"孩子们马上就参透了其中的玄机，"开辟通商口岸，方便英国商人倾销商品和掠夺原料，赚取更多利润。"至于司法主权，我告诉孩子们：以口头协议决定中英民间"诉讼之事"，"英商归英国自理"。

还是得回到原点："这一切究竟是为了什么？"经过一番讨论，孩子们的思路清晰了，观点鲜明了：出口洋纱洋布、偷运鸦片，让中国割地、赔款、开放通商口岸、协商关税，这些都是为了英国自己的利益，为了赚取更多的利润。这可真是："天下熙熙，皆为利来；天下攘攘，皆为利往。"

如果说之前我们都只是在故纸堆里徜徉的话，下面，就要站得高一些，跳脱出来了。"请大家看这两张思维导图（见下两幅图），你们有没有发现，其中有些部分似曾相识？你有没有联想到现在发生的一些事？"我给孩子们3分钟时间，让他们独立思考，独立书写。

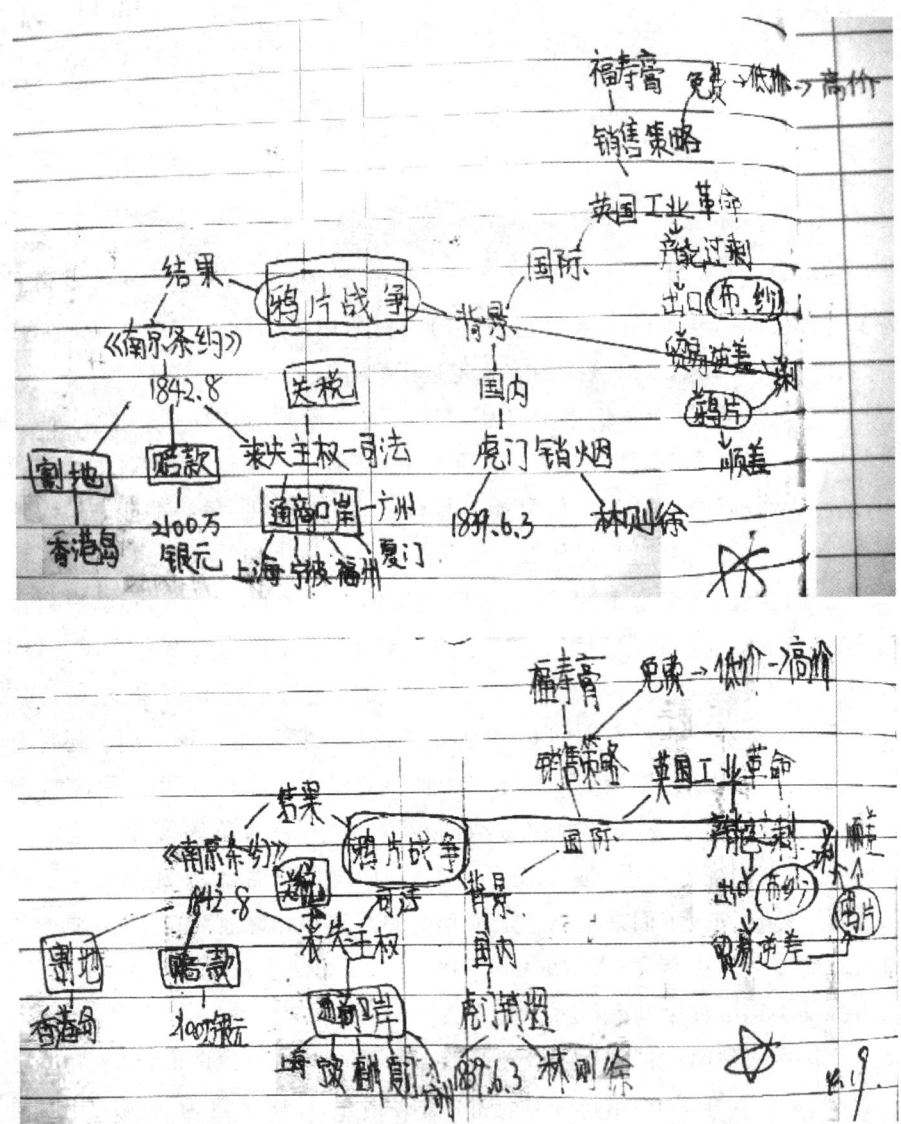

有的孩子找到了吸毒的源头;有的孩子关注到了销售策略。以后面对免费、高额利息的诱惑,他们是不是会更加慎重与理性?

我觉得看到似曾相识的影子,现在超市有时会用买几送几的方法引诱人去买,然后先低价出售,看看好不好卖,如果好卖,再渐渐提升价格,从中获利。

很多商家的东西没有那么好,却冒充好的,贴广告骗人。有些骗子用什么利息骗人,让人每个月都去买,最后突然消失。

现在的销售策略经常蒙蔽我们的双眼,以假卖好!

现在的人会把坏的东西包装成好东西,将原料变成劣质的、便宜的,再以高价卖出取得利益。

现在,许多人为了这个"利"什么事都干出来。

有的孩子关注到了国与国之间的贸易行为:"我们向各国出售商品,有的也是在消化过剩的产能。"说得是不是挺有道理?

看到这张思维图时,我仿佛看到了现在社会的影子:中国现在不正经历着"工业革命"吗?

更有目光犀利者:

中日之间的"马桶盖""贸易逆差""美国贸易顺差","中国向各国出售商品",这些都可以在历史中找到影子。

从平视到俯瞰,高度变了,孩子们的视野也变了。需要说明的是,如果没有平视,俯瞰也只能是空中楼阁,水中浮影罢了。

5. 在游泳中学会游泳

中国近代史部分,我们的教材选取了5个点:鸦片的背后、中山陵前、南湖游船、李奶奶身上的伤痕、筑起血肉长城,分别涵盖鸦片战争、中华民国成立、中国共产党成立、日本侵华、抗日战争这几个重大历史事件。

作为南京人,我们在教授"中山陵前"一课时,有得天独厚的条件:除了中山陵,我们的家乡还有许多地名以中山先生的名字命名,此外还有几尊中山先生雕像、总统府等建筑。以往教学我们都是由此出发的。

这次,我转换了思路:"在'中山陵前'一课中,提及了哪些历史事件?"有了之前历史时间轴的基础,孩子们马上就回忆了起来:1911年4月黄花岗起义、1911年10月10日辛亥革命、1912年1月1日中华民国成立、1912年2月12日溥仪退位、1925年3月12日孙中山逝世。"这些历史事件中,有一个非常重要,它牵一发而动全身,如果没有它,随后的历史就将被重新改写。"小何竟然脱口而出:"辛亥革命。"为什么?"正是因为武昌起义敲响了帝制的丧钟。""如果没有它,中华民国也不可能成立。"另一个孩子补充道。孩子们的眼光太精准了。

按照研究鸦片战争的方法,我们分成两组,分别研究"背景"和"结果"。限时5分钟。时间到,小组进行了交流。随后我就请了三位1号、三位2号上台板书。

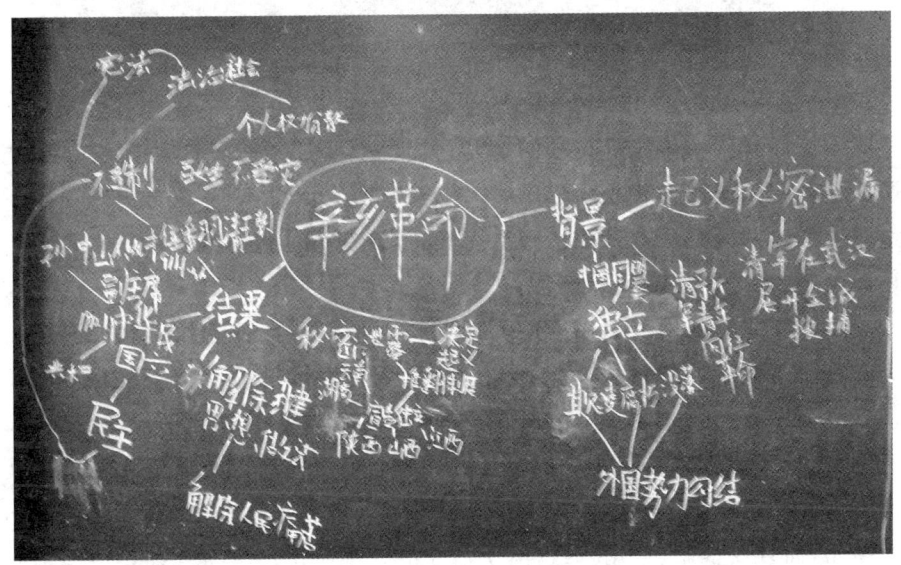

　　短短5分钟的时间,孩子们就根据自己的理解找寻到了诸多要点,写了满满一黑板。接下来,我们就要一起来做"加减法"了。"从背景开始,你们有什么建议?"小周说:"写得太多了,核心概念最多只有5个字。"这样的建议是最讨巧的,也是最偷懒的。"能具体说吗?"她坐了下去。其他孩子站了起来:"起义秘密泄露属于起义的过程,不能算背景。"我拿着黑板擦,大手一挥,擦了。"欺凌、腐朽,不应归于独立,而应该是当时清朝的现状。""不太明白。"我明知故问。小孙干脆说:"我上来写吧。"好好好,热烈欢迎。"还有补充吗?"很遗憾,他们没有想到"黄花岗起义。"这是孙中山间接领导的一次武装起义,虽败犹荣。受其影响,同年10月就爆发了辛亥革命。

至于结果,孩子们已经驾轻就熟了,很快讨论完毕。有幸保留的板书(见下图)所属的小组的每位组员都加了1分。这是他们辛勤劳动的成果,值得肯定。

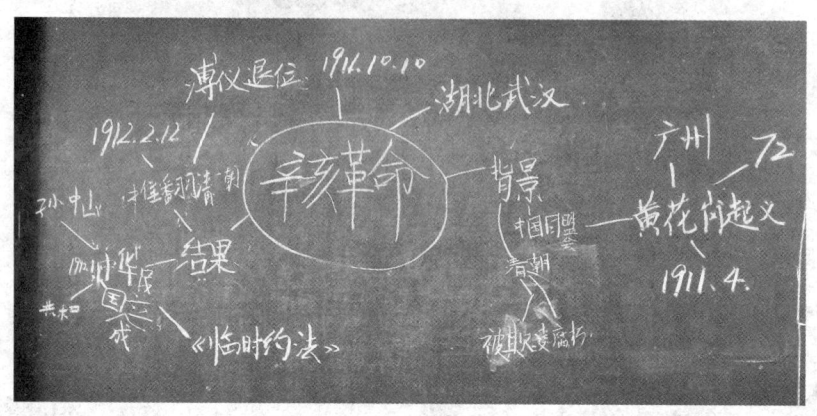

不久前遇到一位跑马拉松的老师,她说她请教过跑马拉松的大咖们,之所以他们能跑得快而轻松,与呼吸有关。经指点,她近期正在努力练习。不过她也说了:"只有量变才能达到质变。和大咖们相比,我跑得不算多。自然还体会不到。"

这让我联想到了近期在读的《美国社会科课程标准》,它特别强调运用:"在实践探究中运用知识、技能、价值观。"就如同游泳必须在游泳中学会,我们只有为用而学,学,才是有价值的;我们只有边学边用、学后即用,才能检验学的成效,才能激扬继续学习的动力。否则,我们所学习的都是死的、硬的、没有活力的,自然,考过就忘,让知识成为体系,也就是痴人说梦了。因此,不仅要用,而且要多用、常用。这样,所学才能真正内化,成为自己的一部分。

6. 聚焦信息素养

有了"鸦片战争""辛亥革命"的基础,现在进入"中共成立",孩子们已经驾轻就熟了:"我们要研究'背景'和'影响'。"我还补充了时间、地点、人物。以至于有孩子脱口而出:"这不像是写作文吗?"其实,思维导图作为工具,用途非常广泛。我之前教的孩子,在进行数学、英语、语文复习时,就采用了思维导图,效果很好。

以小组为单位,我请孩子们各自为战,集中力量解决一个问题。小组交流后,各组的2号上台板书。

我挺佩服这些孩子的,短短 2 分钟的阅读,就能快速提取出这么多信息,仅凭敢于尝试这一点,就值得称赞。当然也有不和谐的声音,一个小伙子径直走到我面前:"老师,我没有写。"他看着我,我看着他:"那就回位吧。"是不是他所研读的内容很难?当然不是,他们组负责了解中共一大在哪儿召开。那么他究竟在忙什么呢?其实,刚才独立学习时,我就已经注意到他了:书打开着,他就这么对着书,看着,纹丝不动。每次邀请孩子上台板书,我都是有意向的,或是讨论热烈的,或是需要提点的。今天之所以请 2 号,就是冲着他来的。希望这次棒喝能让他有所警醒。但我也知道,习惯的替换非一日之功。没关系,小伙子,我还会继续关注你的。

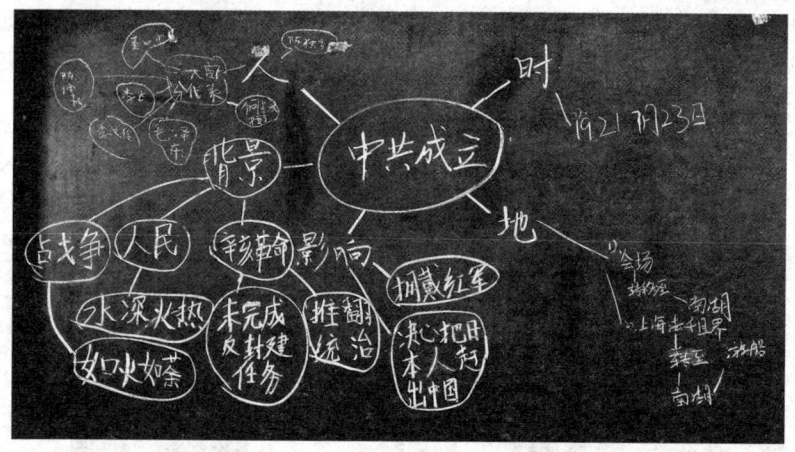

甲班的思维导图

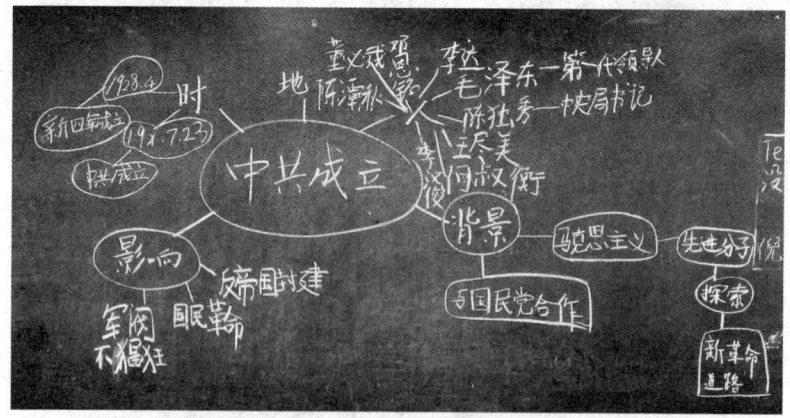

乙班的思维导图

两个班级孩子独立绘制的思维导图,已经能鲜明地看出差距。甲班的孩子思维非常清晰,能够在纷繁复杂的信息中快速提取核心事件,加以归纳总结;乙班孩子的思维还停留在混沌状态。

为什么我一定要借助思维导图来进行教学?为什么特别重视孩子提取信息的能力?从学科本位来说,2011年版《品德与社会课程标准》"课程目标"的"能力与方法"中明确要求:"初步掌握收集、整理和运用信息的能力,能够选用恰当的工具和方法分析、说明问题。"从教育本身来说,"信息素养"是我们为了适应当下社会,乃至未来社会,所必须具备的一种核心素养。

- 2002年,在美国联邦教育部的主持下成立的"21世纪技能合作组织"提出了《21世纪技能框架》,其中包含:生活与职业技能,学习与创新技能,信息、媒体与技术技能。
- 2010年3月,新加坡教育部颁布了新加坡学生的"21世纪素养"框架,其中包含:批判性、创新性思维,交流、合作和信息技能,公民素养、全球意识和跨文化交流技能。
- 2012年3月,经合组织(世界经济合作与发展组织)发布《为21世纪培育教师 提高学校领导力:来自世界的经验》研究报告,该报告明确指出21世纪学生必须掌握以下四方面的十大核心技能:思维方式,即创造性、批判性思维、问题解决、决策和学习能力;工作方式,即沟通和合作能力;工作工具,即信息技术和信息处理能力;生活技能,即公民、变化的生活和职业,以及个人和社会责任。
- 2013年,联合国教科文组织布鲁金斯学会发布了报告《向普及学习迈进——每个孩子应该学什么》,指出基础教育阶段必须包含以下七个领域的学习:身体健康、社会情绪、文化艺术、文字沟通、学习方法与认知、数字与数学、科学与技术。
- 2016年9月,我国发布的《中国学生发展核心素养》,提出了六大素养:人文底蕴、科学精神、学会学习(重点是具有信息意识)、健康生活、责任担当、实践创新。

如此梳理,信息素养的重要性不言而喻了。

信息素养有没有具体的评价标准?当然有。早在20世纪90年代末,美国图书馆协会和教育传播协会就制定出了学生学习的九大信息素养标准,概括了信息素养的具体内容:能够有效地和高效地获取信息,能够熟练地、批判地评价信息,能够精确地、创造性地使用信息,能探求与个人兴趣有关的信息,能欣赏作品和其他对信息进行创造性表达的内容,能力争在信息查询和知识创新中做到最好,能认识信息对民主化社会的重要性,能实行与信息和信息技术相关的符合伦理道德的行为,能积极参与小组的活动来探求和创建信息。其中,第一个标准是基础,也是我们课堂教学应该着力培养的。

回归主题,近期我们在研读中国历史,哪些信息是我们应该关注的?

我曾经向孩子们推荐了一本书,莫提默·J.艾德勒与查尔斯·范多伦合著的《如何阅读一本书》,该书根据文体的不同介绍了诸多阅读方法。作者认为,阅读历史书籍时应该关注:事件和日期、有此行为的原因。这就给我们指明了方向。

那么,怎样培养信息素养呢?这就需要拐杖、工具,"思维导图"的推出,顺应了大脑的喜好——形成体系。

> 课堂·窗外

1. 为什么要行走?

大好春光,不忍辜负。这可能是我带着孩子们一起行走的最朴素的原因。但我知道,看似简单的行走,自己担负着多少责任。如果路途之中发生意外怎么办?如果诱发孩子的隐性疾病怎么办?如果影响下一节课怎么办?……但是,面对灿烂的阳光,我实在不忍让孩子们枯坐于室内。

走,必须走。顶着再大压力也要走。

但是,只是走,好像也太乏味了。我们必须让每一个看似平常的生活事件产生意义。于是,我的分层训练科目就应运而生了。

第一项科目:自控力训练。要求:不说话。在课堂中,都难以控制自己的嘴巴,到了广阔的室外,能行吗?蜀道难,难于上青天呀!

第二项科目:体能训练。要求:只能走,不能跑,我最后出发,不能落在我的后面。对于小胖子来说,这可不是件容易的事儿。

第三项科目:团队训练。要求:必须和同桌手拉手。五年级孩子已经进入青春期,他们一方面有强烈的性别意识,另一方面也有交往的需求。之所以请同桌手拉手,就是要让正常的交往还原其正常的状态(因为只有一个班时间充裕,所以此项训练只在一个班进行)。

第四项科目:饥渴训练。出发时不带水,中途不允许买东西,只能回到班级后再饮水。

第五项科目:忍耐力训练。和第一次相比,路程更远,需要忍耐的时间更长,并且还要保持队形。既要管住嘴,又要管住腿,难度加大。

当然,每个班我都给了 10 分钟自由活动时间。孩子们三五成群,或嬉笑打闹,或席地而坐,或交流谈心,每个孩子都在最放松的状态下,展现了真实的自我。

行走,我们还会继续;训练科目,我们还会加大难度。孩子们,你们做好准备了吗?

2. 计时器伴我行

现在我上课时都会带着计时器。有孩子说,家里也有,是妈妈烘焙用的。当然,我这不是上家政课,原本用它只是为了提高孩子们的阅读能力。但是没有想到,歪打正着,我竟然站在了巨人的肩膀上。前不久朋友推荐一本书,亨利克·尼博所著的《番茄工作法图解》。网购回来一看,弗朗西斯科·西里洛发明的"番茄工作法"正是用来解决"事情太多,时间太少"问题的,操作起来并不繁琐,设定25分钟,全神贯注就做一项特定任务,计时器一响,不管任务是否完成,立刻停下,休息3分钟后,继续。一言以蔽之,"25分钟内只做一件事"。之所以起这个名字,是因为他使用了番茄形状的厨房计时器。

现在,我们阅读限时,写感受限时,连春日行走也限时了。

前几日降温,连续阴雨,今天总算是放晴了。虽然气温还没有回升,但出去走走总归是欢喜的。孩子们忙不迭地把桌面收拾干净,下楼集合了。

"老师,今天行走是不是要加大难度?"我还未开口,就有孩子未卜先知了。有了上次的经验,这次没有一个孩子带水杯。他们都知道,行走,必定有忍受饥渴项目。"我们今天从出发到回来,都不能说话,不能奔跑,和同桌并排前进。"我一口气说了这么多,他们一点儿都不吃惊,反而沉静得让我吃惊了。

粗略估算,就是马不停蹄地走,也要半个小时。这么长时间一言不发,不会把他们都"憋"坏了?

在一段时间内就专注做一件事。我设定了时间,按下了计时器。

出发。

计时器上,只见数字跳跃,没有任何声响。没多久,就有两个男生凑在一块儿嘀咕着。一定是怕被我听见,平时大嗓门的他们,都压低了声音,若不是看他们的脑袋都凑在一起,还很难发现。我轻轻拍了拍他们的肩,两个小伙子心知肚明。

"嘀嘀嘀!"计时器响了,"第一个5分钟。"我大声宣布。队伍安静地行进着。

城墙边的玉兰谢了,樱花开始绽放,此起彼伏传递着春的讯息。我们所走的路线比较僻静,外地游客是不会光顾的,但一路上也有不少人,准备去环湖锻炼的,出来遛狗的,与朋友相聚的,都是住在附近的居民。估计难得遇到这么安静有序的队伍,他们也忍不住多瞧了几眼。

在一处台阶,停下了队伍。我招呼孩子们坐下拍照。他们竟然也一言不发。

回程时,我故意把速度放慢,一来寻找身边的美,二来也是拉长时间。

"第二个5分钟。""第三个5分钟。"……每次计时器响起,我都要宣布一下。回到教室,正好6个5分钟。孩子们都拿出了水杯,教室里竟然还是出奇地安静。难不成,"止言"已经成为习惯?当然不可能,只能说是惯性使然。

我们立刻进行了回顾。3个孩子在第一个5分钟就说话了,2个孩子失败于第三个5分钟,2个孩子在第四个5分钟沦陷,绝大多数孩子顺利抵达第六个5分钟。这也就意味着他们整整沉默了半个小时!这一点,让他们自己都难以相信。

在一段时间内,就专注做一件事。30分钟,我们就做了一件事:安静地行走。简单的事情坚持做,就是不凡。今天,我们的孩子都看到了自己内在的潜能。连平时嘴里总是嘀嘀咕咕的孩子,也做到了。谁说我们不行?

为什么能行?这得感谢计时器。如果没有它的提示,我们可能很难挨过这漫长的30分钟。

为什么要分段提示?其实也就是将大目标化为诸多小目标。每次只关注一个小目标,达成之后,再关注下一个小目标,这也就是"聚沙成塔"的原理。而这个方法,就是日本一位长跑运动员取得胜利的法宝。

1984年,在东京国际马拉松邀请赛中,名不见经传的日本选手山田本一出人意料地夺得了世界冠军。两年后,在意大利国际马拉松邀请赛上,他又夺冠。山田本一在他的自传中这么说:"每次比赛之前,我都要乘车把比赛的线路仔细看一遍,并把沿途比较醒目的标志画下来,比如第一个标志是银行,第二个标志是一棵大树,第三个标志是一座红房子,这样一直画到赛程的终点。比赛开始后,我就以百米冲刺的速度奋力向第一个目标冲去,等到达第一个目标,我又以同样的速度向第二个目标冲去。四十几公里(千米)的赛程,就被我分解成这么几个小目标轻松地跑完了。起初,我并不懂这样的道理,常常我把目标定在四十公里(千米)以外终点的那面旗帜上,结果我跑到十几公里(千米)时就疲惫不堪了。我被前面那段遥远的路程给吓倒了。"

长跑如此,行走如此,还有什么不能如此?

为什么限定5分钟?因为课上我们基本上都是以5分钟来限时的。如此延续,是为了不打乱孩子逐渐形成的节奏。

至于我为什么每次训练项目都有"无声"这一项?很简单,公共场合大声喧哗已经成为我们中国人不太光彩的标志。是我们不能遵守国际通行的公德吗?不是不能,是从来没有人告知,即使告知了,在现实生活中违反了也几乎没有人制止。大家好像都习以为常了。那么,就让我们一起来训练吧。

和孩子们一起走在春天里,他们就是最美的春光。

3. 人性·制度·文化

由于开会,只得调课。于是,今天中午我带一个班的孩子走了一趟樱花大道,下午又带另一个班走了一趟。要求一致:不说话、两两对齐、靠右行。每5分钟为一轮考验期。昨天下班后,我就踩过点了:观赏樱花的人很多,好在晚6点前实行交通管制,没有机动车驶入,因此全班集体前来应该没有大碍。阳光正好,樱花正美,慢车道、快车道上满满当当全是人,我们完全是在人海中穿行,前不见头,后不见尾。好在一路平安。

这一路上,我和孩子们一同走着,只是他们赏景,我看他们。回来后,我们立即做了总结。

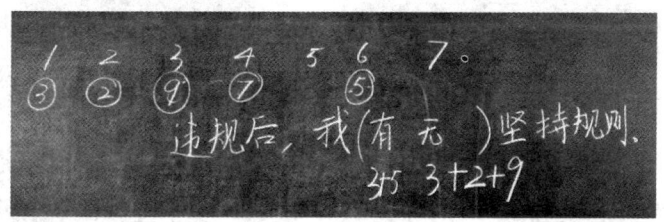

图 1

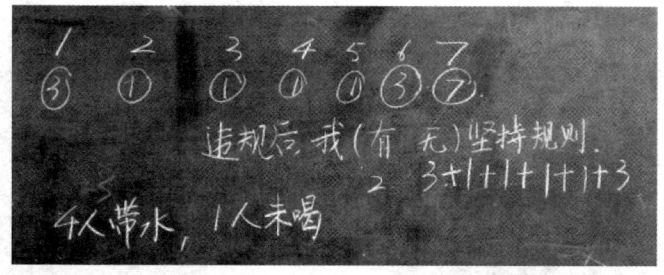

图 2

暂且称图1为A班吧。在第一个5分钟内有3个孩子违规,第二个5分钟内有2个,第三个5分钟内有9个,第四个5分钟内有7个,第六个5分钟内有5个,总计26人,违规人数过半了。这些孩子在违规后,是否能重新坚持规则呢?8个孩子认为自己重新再来了,14个孩子则承认依然我行我素。

图2为B班。在第一个5分钟内有3人违规,第二、三、四、五个5分钟内分别有1人,第六个5分钟内有3人,第七个5分钟内有7人,总计17人,将近半数。违规后,除2人自觉改正外,其余15人没有变化。和A班不同,出发前,B班就有孩子问:"能不能带水?"我没有回答。带与不带,是自己的选择。结果,4人带水,1女3男。我们出行时正是一天最热的时候,许多孩子都脱了冬衣,此时,水是他们最迫切需要的。面对如此巨大的诱惑,带水的那一位女生却滴水未沾,定力可嘉。

这些数据都是根据孩子们的自评得出的,并不是说,没有举手的就是坚持到底了。相比较而言,我更欣赏举手者的坦荡。错了就是错了,知道错在哪里,何时犯错,清醒的他们已经迈出了改正的第一步。

阶段	班级 A	班级 B
走出校门		
城墙根儿		

续表

我说几个细节吧。

细节一：有些孩子违规后，索性就放开来，该蹦蹦，该跑跑，该嚷嚷，一点也不避讳更不顾忌。他们就像解开了紧箍咒的孙悟空，唯我独尊。有他们在，整个团队都不安生了，队伍分成了好几段，也没了规整的队形。另一个班的孩子则不然，虽然也有孩子早早就违规了，但他们大多还是保持原样；之前在低声说话的,被我点出后,也还是会说话,但音量变低了。

细节二:统计时,有一个班违规的孩子站起来后,立刻调转枪头,指向其他孩子,并且言之凿凿,个别孩子甚至还生拉硬拽起来;另一个班就是静静地评价自己。

细节三:快到校园了,一个班的孩子来找我,说是××同学的手机丢了。这人潮汹涌的,到哪儿去找? 好在我们身边都是活雷锋,刚进校门,保安就告诉我,手机被游客捡到并送了回来。

在此,并不是要比较高下,评判对错,心理学家荣格说过:"每个个体都有着自己某种法则之外的例外。"因此,想要给人做出一张说明书是永不可能的,不管它是多么完善,不管多么适用于绝大多数个体。要记住人是个体的适应,在万千他人之中,你是独特的。

今天遇到同事,远远地,他一扬手中的书:"刘瑜的。"正巧我也在看。在美国哥伦比亚大学攻读政治学博士时,她曾经是所住学生宿舍楼的"居住顾问",为了应对"厨房门"事件,费尽心力。无论是和风细雨的"微笑外交",还是暴风骤雨的"撕破脸皮外交",都无法让同宿舍的人每天做饭之后,花上几分钟打扫一下厨房。但正是这段历程,让她对制度、文化的理解不再停留于书面。

- "因为人性里面有自私的成分,所以要建立一套奖罚机制,引导人们理性地趋利避害。这就是制度主义的观点。"

- "如果相信人都是有强烈集体观念的,或至少能够被说服得有集体观念,那就不需要奖罚制度了,有'思想改造'就行了。现实是,行不通。"

- "由于制度涉及一个实施成本的问题,我越来越接受的看法是,制度固然重要,而文化是降低制度实施成本最有效的因素。"

"我一直在思考一个问题:一个理性、和谐、正义的公共秩序是否可能? 如果可能,它的条件是什么? 如果不可能,它的障碍是什么?"通过"厨房门"的实证研究,刘教授已经得出了结论,良好的公共秩序依托于文化。而文化的建设,非一日之功。我们任重而道远。

4. 看见

这是柴静一本书的名字,我借用一下吧。

江南好,风景旧曾谙。今天我们又去行走了。这次我们分成了两段。第一段男生自由行,女生排队走;第二段交换。回到班级后,我给孩子们10分钟,让他们用文字随性表达:"这是怎样的一次行走呢?"

今天,书写比行走更有价值。10分钟的时间,每个孩子都洋洋洒洒写了数行。透过文字,我看见了不一样的他们。现摘录几篇。

这个孩子的内心世界非常丰富,由花及己:"我在这一路上跟同学一边走,一边观察,一边再随手捡起完好无损的花轻轻抚摸,像对待一个刚出生的婴儿一样,小心翼翼,生怕把他弄哭。我多想当它啊,没有疼痛,没有悲伤,不像我,天天被妈妈骂,听妈妈的念叨,天天上那么多的课。我不想过这样的日子,我觉得我很累,我的生活好无聊啊!"

在我们回校的路上,有一位残疾人伏在马路上作画:"这个人在地上用多种颜色的粉笔画了一幅蒙娜丽莎,其精细程度让我赞不绝口。头上的光影和明暗关系把握得非常好,用白色粉笔点上一些高光,再用深色的粉笔搭配,出来的效果让人连连称奇。"

同样是这位街头艺人,另一个孩子关注的则不仅仅是绘画本身:"他趴在柏油马路上,拿着几支彩色粉笔,画着画。他身旁放着一个箱子,箱子里有一些零钱,有1块的,有5块的,还有10块的。这一张一张的钱饱含了人们对他的可怜之情。……看着他那几支屈指可数的彩色粉笔,我不由地可怜起他来。伸手想要给他点钱,但是,我没带钱,我只得怀着遗憾的心情走了。……这次樱花游让我明白了,我们要珍惜我们现在有的,不要等到失去了再后悔!"

很难得,小小年纪,有个孩子已经开始自省了:"我随着班级走出校园,走在熟悉的路上。一开始,我还能忍住不说话,一直走到我们拍照的台阶那里。

我们当时坐了下来，拍照。从那时候起我便开始忍不住了，说起话来。"这是个很乖巧的男孩，在班上从来都是彬彬有礼，严守规则的。如果他不写，我也不会知道。但他选择了写，而且没有经过任何思想斗争（我所给的时间不允许他左思右想），一个目光向内的孩子，一定是卓越的。

已经快到校门口了，就在我前方数步远，几个男生产生了纠葛，1位男生被3位男生各踢了一脚。论个头，他高高大大；论块头，他魁梧结实，怎么都该是他当霸王。可是他竟然被比他矮、比他瘦、比他小的欺负了，而且还不回手！如此定力让我钦佩。在书写时，他对此事只字未提："今天在整个路程中，我几乎没有少说些什么，这是因为我实在太能讲了。我也想买一些东西，因为我太想吃一点东西了。我要不要向同学借钱？想想又打住了。因为我要是借了这么一点，会引来多少麻烦呀！"

我请那3个孩子回忆当时的场景，1位进行了"艺术创作"；1位通篇都是别人的错——他是被惹急了才踢人的；只有这个孩子是这样写的："在回来的路上，我因为他体积大被撞了一下（其实他不是有意的），我非常生气，因为我心眼小，所以立马对着他的后边踢了一脚，还说：'你干什么撞我！'他没有做什么，就当什么事也没发生，我现在十分后悔。他只轻轻撞了我一下，我却狠狠地踢了他一脚，希望他能原谅我。"知错，善莫大焉。

有一个孩子一直很沉默，她就那么坐着，安静地坐着。就是不得不发言，也是安静的，声音只有靠得很近才能听见。但是今天，她让我看到了一个不一样的她："今天这一圈，我感受到了：快乐是我们自己的。花瓣飘下来，我和同伴一起用手把花瓣接住再玩，就像是《只拣儿童多处行》这篇课文写的一样，我们在花下大声赞叹，我们所说的也是一样的话。女生自由走的时候，我们约定在白色的方格上走，不能踩到红色的方格，要是没有白色的方格，就踩黄色的方格。到学校后，我们在操场上玩了好一会儿才回到班上。我的这一节课，在玄武湖边玩得很开心，我下次还想沿玄武湖走，或看花等等。你说好不好？这样我们快乐，老师也快乐。同学们这样走可以感受春天的味道。"

这是个大大咧咧的男孩，每次发言都是语不惊人死不休，总是标新立异。

但其实,他是一位"哲学家":"我此行没干什么,一直在和同学聊足球。我并没去'享受'这时光。我不遗憾,平时就看过樱花,回家也顺道,所以我们喜欢将这种时间用来谈论兴趣。此行并不完美,我们一直在说话,队伍也零零散散,但是,或许这才是散步的本来模样。散步,就是要同学聚在一起走马观花,高谈阔论。这才叫快乐,枯燥无味不是'乐'。散步能促进同学间的感情。天天死气沉沉地走在公路上,还不如像今天这样'不完美'。散步意味着强身健体,而不在意为什么,还是'不完美'最好。"

"看"和"见"都是会意字。看,把手搭在眼睛上;见,在人的头上加只眼睛,更是突出眼睛的作用。但是只用眼睛看见的,真的就是事物本来的面貌吗?真的就是真实的吗?看见,除了用眼,还需用心。

5. 行走·发现

每次春日行走,我们都有主题。这次主题为两个关键词:自控、发现。自控,孩子们已经非常熟悉了,这次没有计时器,不按时段分组,直接从出教室开始到回教室为止。发现,是首次提出,发现什么呢?有孩子问。既然是发现,当然不能提前告知。

我们出了学校大门,沿人行道前行近百米,过了街,直接来到和平公园。和平公园不大,但环境优雅。刚刚下过雨,所有的植物上都挂着雨滴,空气格外清新。这个公园,孩子们一点儿都不陌生,有不少住在附近的同学几乎每天都要路过。公园内有一座不太起眼的二层小塔,我带着孩子们来到塔基处,拍了合影。随后,我们绕塔一圈,原路返回学校。

总共也就20分钟吧。自控如何呢?"没说一句话的孩子请起立。"2个孩子站了起来。我们以团队计分:本组有1人达标的,该组所有同学得1分。毋庸置疑,全班8个孩子加了1分。

该谈发现了。"请大家打开记录本。我问问题,你写答案。"问题一共4个:我们站在哪座塔前合影的?(还都纪念塔)它是谁建的?(汪精卫)哪年建成?

(1941年)当时的中国处于什么状况?(抗日战争)孩子们有的抓耳挠腮,有的眼看天花板,有的苦思冥想,当然,也有笔走如飞的。全班情况如何呢?

得分	0	1	2	3	4
人数	10	9	10	10	2

"老师你怎么不问和平公园巨石上有几只鸽子雕塑?我数过了,8只。""老师,你应该问问路上有多少种花?"课后,不少孩子纷纷给我献计献策。我知道,他们沿途都在仔细观察。可我为什么不问这些,而单问塔呢?

1962年时的和平公园和"还都塔"
晓庄 摄

1978年时的和平公园
南京市党史办提供

这座塔可以说是其貌不扬。只有两层,一点儿都不巍峨壮丽;钢筋水泥建筑,一点儿都不古色古香;楼梯被封了,一点儿都不亲近可爱,让人只可远观不能近玩焉。就是南京人,也很少有人知晓它的过去今生,更别提它姓甚名谁了。

可是,这座塔是历史的见证。这座从下而上呈斜立式、小巧玲珑的建筑,"岁数"比和平公园还大。它建成于1941年,当时汪精卫叛国投敌,为了掩盖他的叛国事实,他命人建了"还都塔",意思是他不是叛国,是为国民政府"还都"。后来国民政府真的"还都"南京,就将这座塔作为民国考试院的钟楼保留下来。为了纪念那段历史,也是作为汪伪投敌的罪证,中华人民共和国成立后,这座"还都塔"得以保留,目前为南京市级文保单位。这段介绍,赫然印刻在塔前的铭牌上。只是绕塔一周的孩子,鲜有人问津罢了。

越是熟悉的地方有时越是陌生。作为历史名城,我们生于斯长于斯的南京,可谓遍地遗迹。如果说长江路是民国景观大道,颐和路是民国公馆区,那么,透过鸡鸣寺、石刻可以走进南朝,透过明城墙、明孝陵可以回味大明王朝,而每一条街巷,每一处景观,也都凝结着往昔的辉煌,值得我们好好探寻。

6. 怎能辜负冬日的第一场雪

昨日,古城南京下了入冬的第一场雪。看着纷纷扬扬的雪花,不由地叹息:我的课明天才有。

今天一早,雪霁天晴朗。看着路上几乎寻不到踪影的雪花,我心急如焚。盼星星,盼月亮,终于盼到第三节课了。孩子们见我来了,开口就问:"今天出去吧?"我点点头。一旁的老师啧啧称奇:"他们是你肚里的蛔虫?"当然不是,我们是"心有灵犀一点通"。

眼保健操是一定要做的。音乐结束,收拾停当,我们出发了。孩子们也很乖巧,走路静悄悄,下楼静悄悄,毕竟此时此刻,其他班级都在上课,不能干扰。熟门熟路,我们出了学校后门,沿小区道路,直接走到后山。这里有一个小门,不过已经形同虚设了。轻轻一拉,门就开了,我们径直来到城墙根。这条小径太熟悉了,春天时,每周我们都会用一节课来行走。

来到了一片开阔地,我请孩子们停下脚步。简单地交代了一下打雪仗的注意事项:只能砸胸部以下。随即,就让他们玩雪去了。他们快速地戴上帽子、扎好围巾、戴好手套,先把自己包裹得严严实实,随后就投入了"战斗"。

这雪仗打得可真可怜。昨天还是白茫茫一片真干净，此时，地上的雪早就消失于无形。只有树枝上、草丛中、凸出的城砖角上还有些零星的残雪。这雪仗打得可真过瘾。雪不多，但不妨碍孩子们的嬉乐。性急的，没等把雪捏成团，就向对方扬了过去；稳重的，一定要找呀找呀，等雪球成了形，才肯砸向对方；讲究策略的，像个没事儿人一样地走过来，等靠近了，亮起"家伙"砸过去，百发百中；"胆大"的，直奔我而来，没有关系，我穿着冲锋衣，再多的"子弹"都挡得住；还有"螳螂捕蝉黄雀在后"的，这位正和那位酣战，哪里料到，背后已经有人瞄准他了。砸的人欢喜，被砸的人也欢喜。

也不知哪位从哪里找到一个泡沫球,这可比雪球耐用。她在砸,他也在用,无论到了谁的手中,都是一件不错的"武器"。这球可比雪球软和,无论砸在身上哪个部位都不疼,自然深受孩子们的喜爱。

短短 40 分钟,转瞬即逝,离开时孩子们还是依依不舍。没关系,雪,一定还会再下的。

7. 球赛失利之后……

年级足球赛如火如荼地开展着。这可是男孩子的最爱,他们早就摩拳擦掌,跃跃欲试了。昨天大课间,有我们班的比赛,这可是孩子们小学生涯最后一次参加足球赛了,胜负不重要,经历很难忘,所以,我赶紧带着孩子们到场边观赛。

两个班的队员拼尽了全力,互不相让,整个比赛处于胶着状态。由于对方守门员禁区外接球,被判点球,我们一下子就看到了获胜的希望。这个位置太有利了,这个机会太难得了!两个孩子小声商量了一下,想打一个配合。可惜,球刚开了出来,对方一名校队队员抢先启动,直接断球,向我方球门冲去。他的速度太快了,他的脚法太娴熟了,足球划出一条弧线,绕过守门员,直接破门。1∶0!

正好下课铃打响了,我便带着孩子们先回去了。下一节,我在隔壁班上课。可刚上一会儿就没法上下去了。外面的声响已经盖过了我的声音。这是怎么回事?循声一看,原来,一个孩子正在大声指责球队队员。看见我站在门口,他也就偃旗息鼓了。

后来,听说我们班几个孩子不仅把怨气撒在自己同学身上,还把对方球员也痛骂了一番。

我能理解这几个孩子的心情,他们的获胜欲太强了!但是,有人取胜,注定有人落败;冠军只有一个,注定绝大多数都是失败者。这就是现实。怎样看待输赢,不正是孩子们需要补上的一课吗?

今天上课,我便在黑板上写下了"球赛风波"四个字。一看标题,孩子们都心知肚明,根本无须我多言。我继续写道:"踢球目的""面对结果""应对指责"。"从以上三方面写出你的思考。"孩子们便在记录本上奋笔疾书了。在一个小组上台板书的基础上,其他孩子又进行了补充。

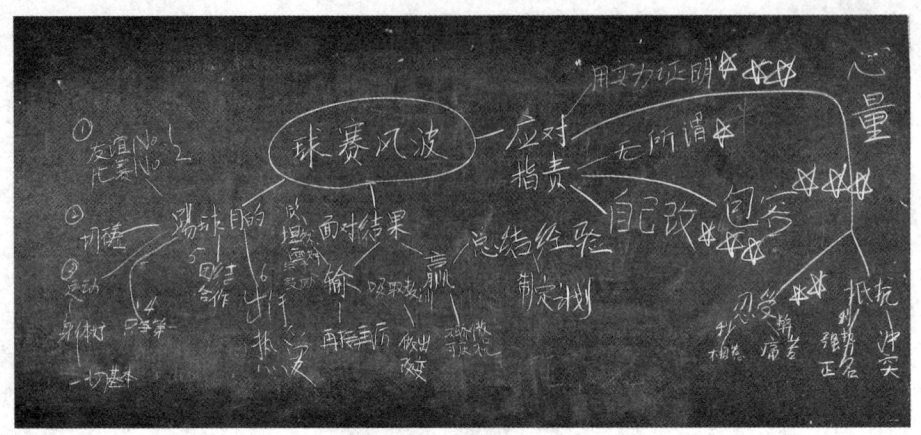

我和孩子们一起进行了回顾与梳理——

- 踢球目的:友谊第一,比赛第二;切磋;身体好;只要第一(关于此点,尽管不少孩子存有异议,但提出者非常坚持:"我参加就是为了获胜。正是因为竞技体育的参赛选手都有如此强烈的求胜心态,才推动整个体育事业向着'更高、更快、更强'迈进。"他强烈地坚持着。其他孩子也尊重了他的选择);团结合作;出于热爱。

- 面对结果:如果输了,坦然面对、再接再厉、吸取教训做出改变;如果赢了,不骄傲、可庆祝、总结经验。

- 应对指责(这是我最希望孩子们关注的):用实力证明、无所谓、包容、自己改、忍受、抵抗。忍受、抵抗是一个孩子想出的办法,他还从利弊两个角度分别进行了剖析:忍受的"利"是不招惹(其他人),"弊"是痛苦;抵抗的"利"是强势、正名,"弊"是冲突。

关注问题解决,是简·尼尔森先生所著《正面管教》一书的核心。他提出了解决问题的"3R1H"原则,即相关(related)、尊重(respectful)、合理(reasonable)、有帮助(helpful)。由此可见,他强调的是帮助孩子学会解决问题,而不是为问题付出代价。因此,当我们肯花时间训练孩子,并且放手给孩子充分的机会施展他们解决问题的技能时,他们就会成为出色的问题解决能手。此时,孩子们的表现就充分展现了他们的实力。

方法是有高下之分的,怎样在不伤害孩子解决问题的热情的前提下,帮助他们做出更好的选择?我进一步提出:"我们来给这些方法分个类,哪些属于低级(一星),哪些属于中级(二星),哪些属于高级(三星)?"孩子们的观点惊人地一致:一星级——无所谓;二星级——忍受;三星级——用实力证明、包容、自己改。"抵抗"被集体屏蔽了。

雨果说:"世界上最宽阔的是海洋,比海洋更宽阔的是天空,比天空更宽阔的是人的胸怀。"我们中国也有一句俗语:"宰相肚里能撑船。"可见,一个人能忍受多大的委屈,就能成就多大的事业。当我们被他人指责的时候,我们采取怎样的应对之策,就是我们心量大小的表现。话,点到为止。

8. 遇事，我该怎么办？

昨天中午惊闻同学间发生了不愉快，下午赶紧了解，通过与多个孩子交流，整个事情的来龙去脉很快就理清了。犯错的孩子非常懊恼，但他也深感无助："老师，再遇到这样的事，我该怎么办？"昨晚他已经被家长打过了，听说之前为同样的事还做过保证，可是一味地堵和压，只能太平一时，当导火索再次燃起时，还是以势不可挡之态燎原了。孩子的困惑，就是最好的研究课题，就是最佳的教育契机。而我们教师存在的价值，不正在于此吗？

今天的体育大课间，我走进了教室，和所有孩子一起聊聊这个话题："遇事，我该怎么办？"与以往一样，继续采用思维导图的方式展现整个探究的过程。

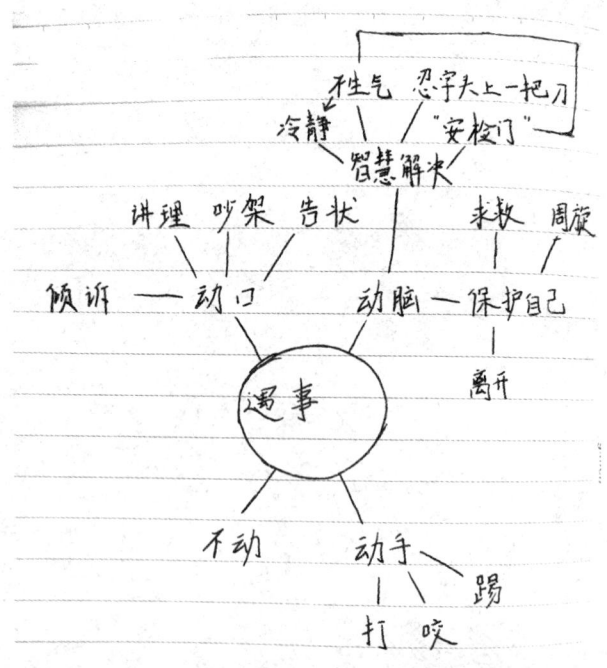

教室里，氛围轻松而愉悦。我们边聊边画。"遇到生气、烦恼、怨恨的事，我们一般采取哪些方式？"我先起了个头："动口。"马上，孩子们就跟进了："动手。"全班窃笑。估计，笑的孩子都挨过打。"动脑。""还有一动不动。"我逐一写在了黑板上。随后，我们就每一点进行了细致的讨论："都有哪些具体的表现？"孩子们都有切身的体会和感受，大家七嘴八舌，笑声此起彼伏。

让我最为高兴的是，在"怎样应对才算是开动脑筋了"这个问题上有孩子提到了"保护自己"。面对威胁、伤害，钱财都是身外之物，保护自己的生命安全才是头等大事；而在面对委屈、烦恼时，你所采取的所有行动是否首先保护了你自己？往往一念之差，就会酿成无法挽回的大错。所以，保护自己是第一位的。

怎样应对才是明智的？我告诉孩子们，首先不能生气。大家都有切身的体会：人在气头上，容易失去理性，减弱对事物的判断力，什么话都会说，什么事都干得出，结果不仅不能解决问题，反而还伤了感情。老子云："静生智，定生慧。"只有心灵沉静，定力才能强大，智慧也会由此而来。我给孩子们推荐了一道"安检门"，那就是当你遇到问题时，如果能泰然处之，不急不躁，不烦不厌，那么，你就算顺利通过了这道"安检门"，且已经具备很强的定力了。

陈述，仅仅是开个头。更重要的是评判：哪些方法是明智的？动口，不是；动手，更不是，因为一旦举起了手、抬起了脚，就表明你已经无能为力了，除了使用武力，别无良策；而一动不动，则有待商榷；只有动脑，才是明智的。

解决方法	动口				动手			动脑							一动不动
具体表现	倾诉	讲理	吵架	告状	打	咬	踢	保护自己			用智慧解决				
								求救	离开	周旋	不生气	冷静	忍	安检门	
是否明智	否	否	否	否	否	否	否	是	是	是	是	是	是	是	待商榷

时间匆匆。交流至此，耳畔就响起了下课铃声。我知道，今天所讨论的都只是纸上谈兵，今天所谈及的方法并没有穷尽，加之真实情境千变万化，可能今天所做的完全是杯水车薪。尽管如此，我们还是要做。因为，至少让孩子们知道：我还可以这样去思考问题，我还可以这样去应对困境。哪怕只是在孩子们心中泛起了一点点涟漪，都值得。

9."秦"对？"秦"错？

小冯的《填图册》已经消失一段时间了。小姑娘特别好，自己悄无声息地网购了一本。虽然是老版本，但内容相差不大，她在征得我的同意后，开始使用了。

今天上课前，我们都以为再也找不回来的《填图册》突然出现了！这原本是一件喜事，可是对于小冯来说，也有担忧：该继续使用哪一本呢？其实，这件看似偶然的小事，对于全班来说却是一次极佳的演练。我放下原先的教学计划，把这件事拿了起来。

事情的原委很简单：小秦误将小冯的《填图册》放进了自己的书包，今天发现了，于是就物归原主了。"小秦，你有什么想法？""我一发现，就把《填图册》还给小冯了。"他说的是实话。每个人心中都有杆秤，小秦究竟有没有错呢？我请大家独立思考："请用思维导图的方式，展现你的观点。"与此同时，也请孩子上台板书。"秦错？"小手如林，顺利邀请小渠说明理由。"秦对？"除了小秦，无一个举手，既然刚才小秦说得振振有词，他自然是当仁不让，"有请小秦。"

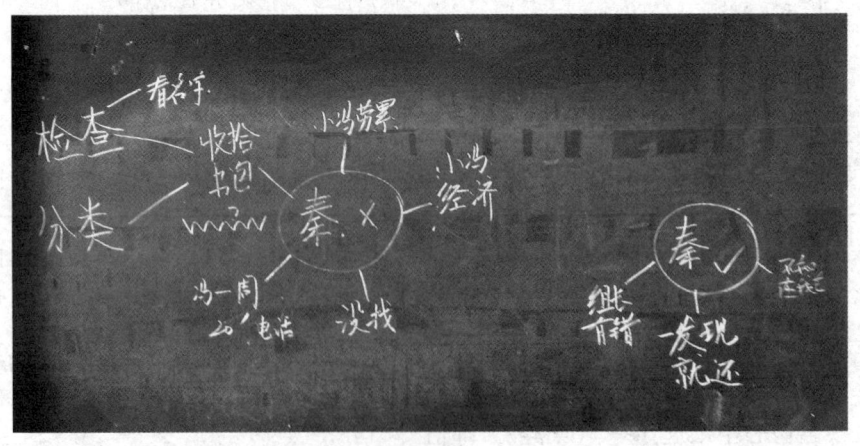

限时 3 分钟,结束。我们展开讨论,梳理、汇总孩子们的观点,小秦错在以下几个方面。

1. 小冯劳累。因为本子丢失,重新买了《填图册》后,还要把之前写过的再写一遍。

2. 小冯经济(受损)。网购,需要花钱。

3. 没找。这么多天都没有发现。

4. 收拾书包(不仔细)。但凡是桌上的书本,不管是否是自己的,都往包里装。

5. 小冯给小周打了 20 分钟电话。买回《填图册》后,小冯给同班的小周打了 20 多分钟的电话,详细了解需要补做的题目。

小秦对的理由如下。

1. 组长有错。是组长把小冯的本子发到小秦桌上的。

2. 发现就还。一发现就还了,一点儿没耽搁。

3. 不知在我(包)。根本就不知道小冯的本子会在自己书包里。

"这件事之所以发生,'牛鼻子'在哪儿?"看着黑板上的思维导图,我请孩子们一同寻找,他们马上就找寻到了,那就是"收拾书包"。"怎样收拾,才能避免此类事情?"大家群策群力,从自己的经验出发,给出了许多很好的建议。

1. 分类。以后收拾,先将书本分好类再放进书包。

2. 检查。看本子上写的是不是自己的名字。

这不是一件错事,更不是一件坏事,这件事是一个可以让我们举一反三、防微杜渐、取长补短的难得资源。课上的研讨,并不是要批评谁,或是指责谁,这些都属于"马后炮",我希望能够让孩子们共同经历思考的过程。遇到问题,我们是一味地推脱,还是发现问题症结努力解决?我们是心不甘情不愿地盲目承认,还是客观分析、全面看待?思维导图+正反两个角度思考,是值得向孩子们推荐,并且希望他们掌握的"不二法门"。

感谢小秦提供了这么好的事例,让我们能够实际操练起来;感谢小秦提供了这么饱满的一粒种子,让我们能够播种、施肥。正如一位学生家长给我的留言:"老师您好!看到今天的'秦对?秦错?'真的非常非常感动。在当下一切以升学为目标、浮躁、生硬的教育大环境下,它让我闻到了教育的芬芳,如一股清泉流过心田,让整个人都沉淀了下来。就该这样不是吗?这才该是教育本来的、美好的样子!谢谢您给孩子们播下的具有智慧的种子,也谢谢您给予我的感动!"

　　也许,今天开始,孩子们就会用正确的方法收拾书包了;也许,今天开始,孩子们就能将思维导图带入自己的生活,直观展现思考的轨迹,帮助自己做出最适合的选择;也许……

10. 爸爸妈妈，我想对你说

既然说了写信是与家长沟通的一种方式，昨天上课就请孩子们给家长写了一段话，限时2分钟。写完后，还有孩子特地把记录本遮着，生怕被我看到似的。而我随后的一句话，让他们集体哀叹："今天把你写的，带回家给爸妈看看。"看样子，畏难情绪还挺高的。五年级了，能够理解。

回到办公室，我赶紧在家长群里发了一条留言。

今天孩子在课上给家长写了一段话，我请他们回家给父母看。有些孩子面有难色。拜托各位家长做两件事：1. 千万不要主动问孩子要，如果孩子没有给您看，您就当没有此事；2. 如果孩子给您看了，不知您能否给孩子回几句话？谢谢。

不少家长纷纷跟帖，表示支持。其实，我知道一片祥和的背后大家都心怀忐忑：如果孩子不给我看，是不是说明我们之间的关系出现了裂痕？不好意思，给他们出难题了。

今天课上，我们就做了一个统计。

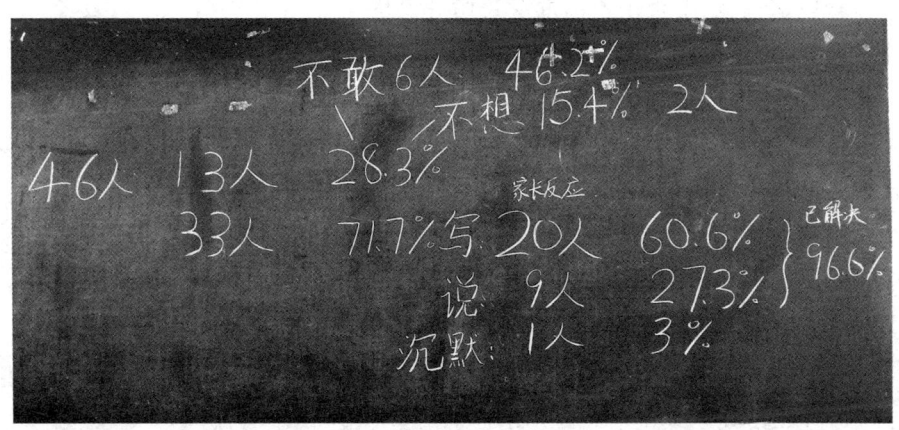

统计结果

全班46人，没有给父母看的13人，占全班人数的28.3%。其中不敢的有 6 人,占未给父母看的总人数 46.2%;2 人不想给父母看,占 15.4%。

33 人给父母看了,占总数的 71.7%。20 位父母回了一段话,占 60.6%;9 位父母与孩子谈了心,占 27.3%;还有 1 位父母看了之后,既没写,也没说,占 3%。与父母沟通之后,觉得心结解开、问题解决、达成共识的有 32 人。

统计工作告一段落,接下来就该解读这份数据了:"你看出了什么?"

——我发现,只要我们大胆沟通,问题是能得到解决的。

——有的话不好说,写一封信,挺不错。

——父母都是愿意帮助我们的。

而在之前的交流中,有一位孩子坦言:昨天是妈妈的生日,他不想让妈妈不开心,所以就没给妈妈看。他准备今天给妈妈看。多么善解人意的孩子,信也要选择在合适的时间合适的地点交给父母。

不敢的孩子,不想的孩子,你们还会继续坚持己见吗?我没有再追问下去。和孩子们聊起了我教过的一位学生芃芃。我就教过芃芃两年,那时只记得她的大大咧咧,而现在她已经被耶鲁大学提前录取了。听说了这个好消息后,我们特地把她请回学校,让她跟学弟学妹传经送宝。小姑娘还是那么朴实,她特别强调:一定要听取父母的意见。这一点我是知道的,在她眼中,她的妈妈就是她的"心灵导师"。这是她的肺腑之言,也是她的成功秘籍。"爸爸妈妈走过的路比我们吃过的盐都多,我们一定要多听听他们的想法。他们是最爱我们的人。"

希望,我们每个孩子都能向父母敞开心扉。

回到办公室,我收到一条信息。

昨天孩子回去跟我说了上课的内容,他觉得他没有要对我们说的。我当时也很吃惊,他笑眯眯地对我说他觉得他很幸福,爸爸妈妈都很好。也没有什么恶习。所以他写了"没有"两字。

我对他说,总有要对爸爸妈妈说的。有时不应该只是意见,也有可能是感谢。即使感觉很幸福也要学会表达自己的情感,沟通是一切事物的桥梁。爱就要大声表达出来。

幸福的孩子,幸福的妈妈,幸福的家庭。

11. 对峙就是胜利吗?

正在看吴晓波先生的书《把生命浪费在美好的事物上》,说到了北岛在《失败之书》中对艾伦·金斯堡的评价:"他就像个过河的卒子,单枪匹马地和严阵以待的王作战,这残局持续了五十年,而对峙本身就是胜利。"吴先生慨言:"是的,'对峙本身就是胜利',这是一种无与伦比的、空前迷人的青春姿态。"

但对峙真的就是胜利吗?

在课上,我请两个班级的孩子们给家长写一段话,并建议他们带回家给父母看。今天在另外一个班进行了汇总。

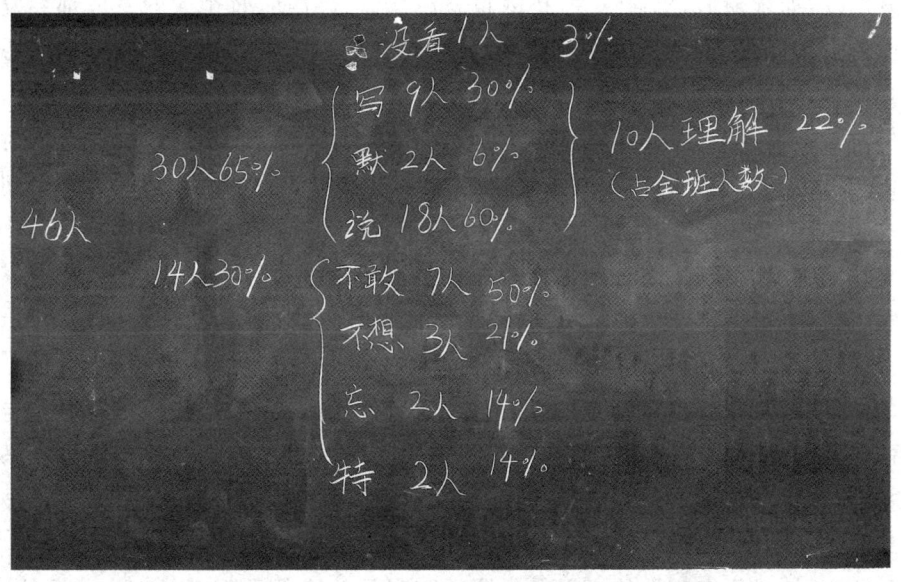

统计结果

让我们一起来看看:全班 46 人,有 2 人缺席。30 人给家长看了,占总数的 65.2%,家长看了之后写了回信的为 9 人,没有写但和孩子谈过话的 18 人,2 人选择沉默;14 人未给家长看,占总数 30.4%,其中不敢 7 人,3 人不想给家长看,忘记此事的 2 人,另有 2 人有特殊情况,家长均出差在外。在给家长看的孩子中,只有 10 人认为通过此次沟通问题得以解决,心情得以舒缓,困惑得以理解,占全班人数的 21.7%。

统计的目的,不单单是学习如何计算百分数,不单单是作业的反馈,更重要的是让我们学会解读这些数据,或者说,透过数据我们知道了什么。

孩子们的解读当然都是积极层面的。比如说,不少家长能够和孩子书面沟通,敞开心扉;只要孩子主动沟通,很多家长是会理解孩子的。

而我看到的却是"对峙":有家长与孩子的对峙,比如说有些家长看了之后,一言不发;也有孩子与家长的对峙,不管是出于什么理由,14 个孩子选择向家长关闭心门。淡淡的隐忧涌上心头。

我和孩子们谈起了青春期的特点。提起青春期,孩子们马上想到的是生理上的变化,其实,它还是一次难得的机遇。如果孩子们抓住了机遇,就能如虎添翼;如果失去了,很有可能追悔莫及。需要说明的是,挑战与机遇是一对好朋友,如影随形,机遇越大,挑战也就越大。青春期,每个人的身体都会发生巨大的变化,不再是小朋友了,越来越像成人了。但与此同时,孩子们的心理成长远远滞后于身体发育。于是,他们就会觉得好像浑身有使不完的劲,但没处使;还会觉得突然各种想法层出不穷、喷涌而出,没法遏制。这个时候,特别需要指路明灯,特别需要扶持提携,特别需要提醒甚至棒喝。能做到这些的,同龄朋友?难,因为在同一条船上,他们自身都难保。老师?难,不是说老师没有经验,而是老师面对那么多孩子,有时可能分身乏术。唯有家长,也只有赋予孩子生命的家长,才能当此重任,才能帮助孩子们渡过难关,勇立潮头。我用南辕北辙打了一个比方:"如果你愿意和家长交流,听取他们的人生经验,就会少走弯路,发展神速;如果你就是拧着,家长说东我偏要走西,家长说南我就要走北,那么很快你就会自尝苦果。等到幡然醒悟再奋马扬蹄,就太辛苦了。很多孩子,就是在这里跌了大跟头,眼睁睁地看着自己被超越。"

"对峙是否有理性的边界?所谓的胜利是单边的压倒还是双方的妥协?青春的建设性与破坏性是否可能合为一种力量?"文章末尾,吴先生提出了这三个问题,我添加一字:"青春期的建设性与破坏性是否可能合为一种力量?"这是我们与家长应该共同思考的。

希望我的担忧是杞人忧天。

第四篇 仰望星空

1. 我的未来不是梦

一把椅子，站上去，就是 20 年后的你。那时的你在做什么呢？这一节课，甲、乙、丙三个班的每个孩子无一例外都上台，站在椅子上，面向大家，说出了自己的理想。孩子们有兴奋的，有羞涩的，有迫不及待的，有往后退缩的，因个性品质不同，外显的状态也不尽相同。

随后，每位同学又将自己的表达记录在了各自的记录本上。

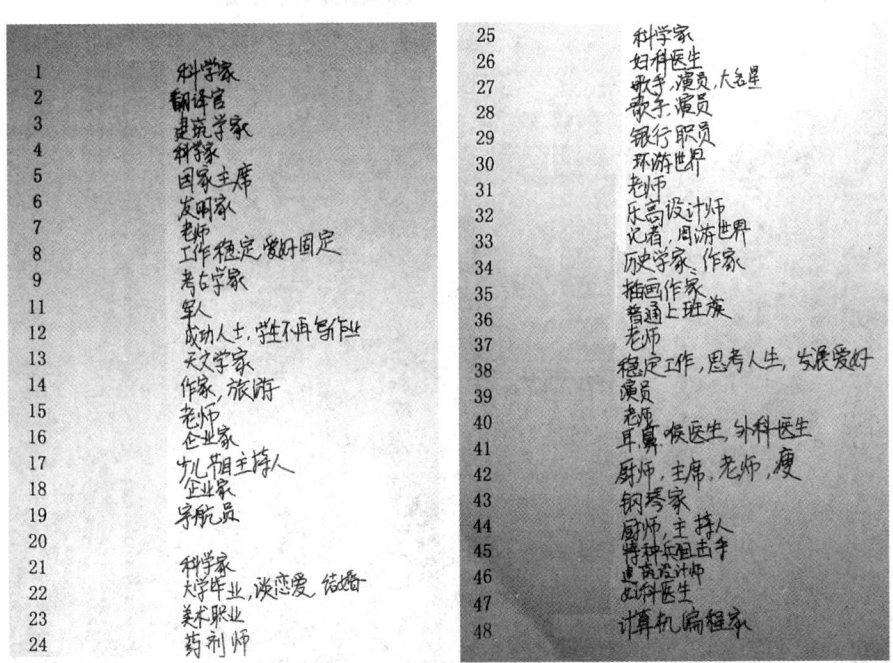

甲班学生的理想

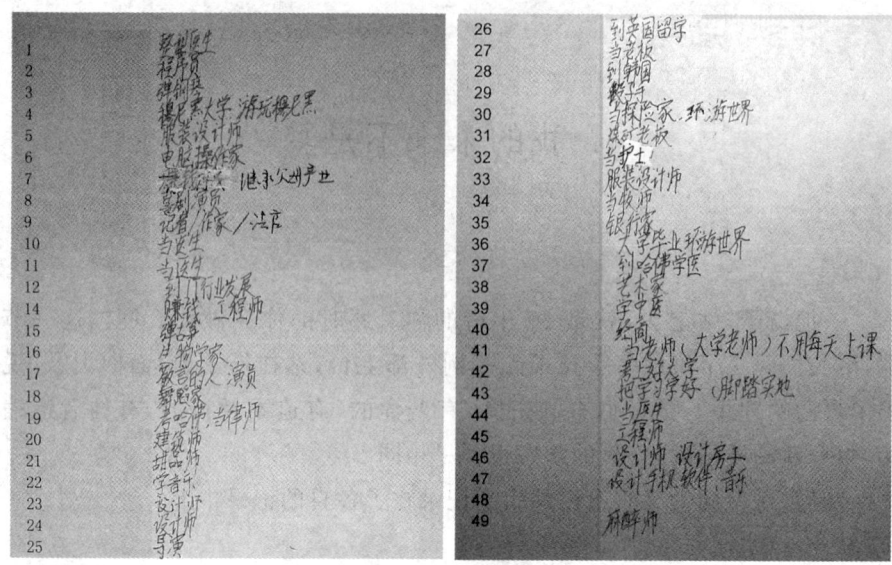

乙班学生的理想

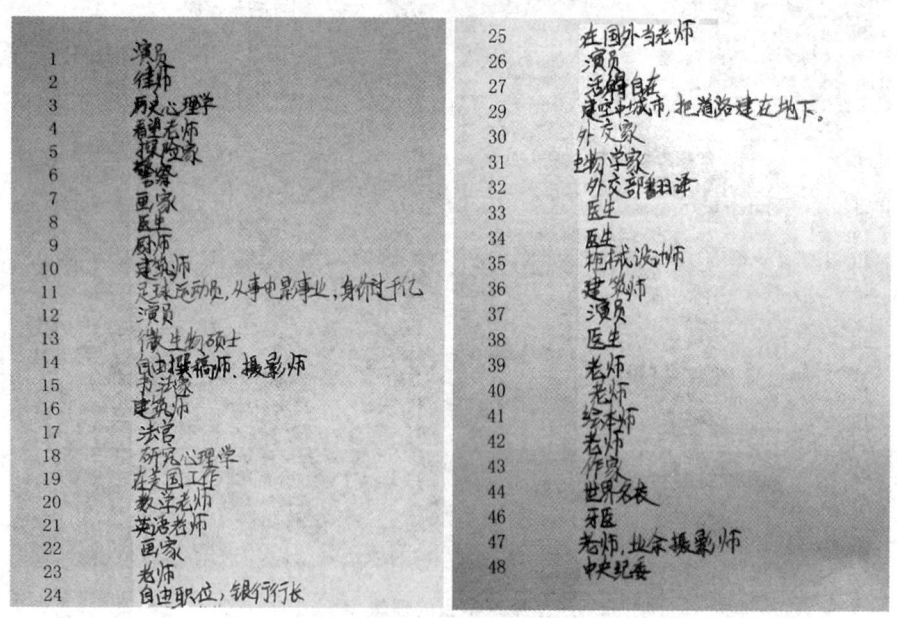

丙班学生的理想

认真倾听每一位孩子的心声，我逐渐梳理出了一些脉络。

为什么会树立这个理想？

来源之一：个人爱好。

我20年后的梦想是当一名钢琴家，因为我学了6年钢琴，也参加过比赛，获得过奖状，而且我认为钢琴曲很好听，有一些曲子还可以自学，钢琴音色也非常清脆，让人听得舒服。

20年后，我希望我是一个生物学家。周游世界，去任何地方观察我喜欢的动物，与它们亲密接触，这就是我的梦想。因为我特别喜欢动物，不管是微生物、软体动物，还是哺乳动物，它们很奇妙，很有趣。所以，我想当一名生物学家。

我想当一个甜品师，每当我不开心时就喜欢吃甜品，吃了以后心情就会好很多，我就在想，如果能做出一种令人快乐的甜品就好了，所以我想当个甜品师，让他人绽放笑容。

我想成为一名插画作家，为孩子画绘本。因为我很喜欢画画，也很喜欢编故事。目前为止，我构想的一个系列的故事已画满20多本素描本了。

来源之二：家学渊源。

20年后，我想当一名平面设计师，可能是因为家族的原因，我爷爷和奶奶都是高级设计师，所以我也想当。

我想做程序设计，因为我本身对电脑和手机的程序十分感兴趣，然后爸爸又是做游戏设计的，所以才会想学程序设计。

我20年后的梦想是当一个微生物专业的研究生，和老爸一样的专业就行了。

来源之三：感同身受。

考上哈佛，成为一名医学家，下一个居里夫人，研究脑溢血的最佳药物。外公和爷爷都为脑溢血患者，生活不便。

当一名医生（牙医）。我从小牙齿不好，总是去看牙医，觉得牙医很辛苦，但他们能为别人解除痛苦，我也想当一个为别人解除痛苦的人。

20年后，我的梦想是成为一名医生，救死扶伤，为病人减轻痛苦，恪尽职守，做一名医德高尚的医生。我之所以有这个梦想，是因为在六年前发生的一件事。那时，我还是懵懂的小孩子。第一次回老家见到我的堂哥，可不幸却降临了，我的堂哥得了一种怪病，高烧不退，最终还是输给了病魔，医生们也都无能为力。从那时起，我稚嫩的心田便埋下了梦想的种子，假如我是医生，我一定会使出浑身解数去救他！我长大以后一定要帮助这样的病人，让他们战胜病魔。

孩子们的表述也分为三种类型。

一种是理想型。志向高远。他们已经超越了物质追求，不为五斗米折腰，完全是为全人类的福祉而奋斗。

20年后，我的梦想并不唯一。我想当检察官是为了政治，想当建筑师是为了让人们的生活更美好。在这两个职业中我更喜欢建筑师，因为房子可以让很多家庭更美好。

20年后，我想把律师这个职业做好，帮助人们解决更多问题，化解更多矛盾。我觉得律师这个职业很有正义感，也有成就感，可以为社会做些大贡献。

20年后我的梦想是当一个探险家。之所以有这个梦想是因为世界这么大，我们不能蜷缩在一个角落里，要开阔眼界。俗话说："读万卷书，行万里路"，就是这个意思！

20年后我的梦想是做警察，保护人们。因为我每次放学都能看到警察在指挥交通，帮助别人，所以我想当警察。帮助他人就是帮助自己，每次帮助别人自己都会快乐。

一种是理智型。思路清晰，有根有据，未来，在他们眼中已经非常具象了，甚至连上什么大学、在哪里生活、从事哪个方面的工作都确定了。

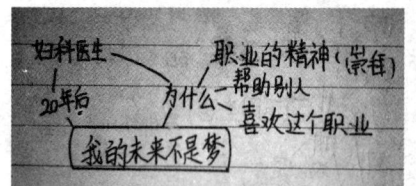
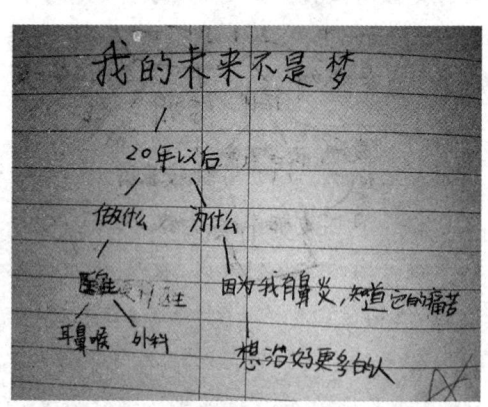

20年以后：麻醉师。因为我妈妈、外婆、外婆的妈妈以及奶奶祖上四代都是医生，我也想继续这个行业。儿科万一失手麻烦很多，临床、手术也一样。所以我选择麻醉科。

20年后,在我毕业于慕尼黑大学之后,我想从慕尼黑的奋斗战场转移到一个科技化的国际大都市——法兰克福。法兰克福是一个非常现代化的城市,我希望我能在那儿当一个科学家,为中国发明有用的机器。

长大后,我想当一个机械工程师,设计一些机械,给人们的生活带来更多的方便。我对机械一直很感兴趣,哪怕再多的零件,我都不会弄乱,对每样东西的组成也都会弄清楚,而且从来不会装不好。我要设计更多的机器,我认为我对此可以有更多的发展。

一种是现实型。很接地气,也很直接。

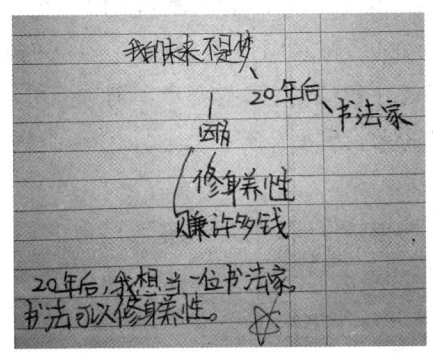

在20年后,我会变成什么样子谁都不知道,但我希望可以在国内,南京,或者其他地方也行,买一套自己理想的房子且没有贷款;有一份高薪工作,可以想去哪儿玩就去哪儿,不用考虑任何问题。而且我认为不管怎样,家一定要温馨,家是最重要的。

还有一种是缥缈型。理想在远方,若隐若现。

20年后,我的梦想是成为一名活得自在的人,但不是那种很单一、只会一种技能的人,而是可以涉及多方面的人。有这个梦想,是因为现如今社会多种职业的人不少,可以做多种自己想做的事情。

有稳定的工作,有固定爱好。

我想做一个企业家。

未来,我成为一名成功人士,不用再写作业了。

有稳定的工作,有时间思考人生,有时间发展兴趣爱好。为什么?人生的路说长不长,说短不短,我想在有限的时间里做更多想做的、有意义的事。

根据生涯规划五个阶段的划分,从幼儿园或小学到初中,是属于职业认知及职业导向阶段,主要内容是对自己的能力、兴趣有所了解,开始意识到工作对个人的重要性,认识各种行业,为将来选择职业做准备。因此,幼儿时期,就有众多与职业有关的绘本;游乐场所也有专门的职业体验;有的国家在小学阶段还专设了父母日,让孩子跟随父母一天,陪伴他们工作。现在国内许多中学也都开设了生涯规划教育。

那么,怎样进行生涯规划呢?目前,比较常用的方法是五个"W"的思考模式。从问自己是谁开始,然后顺着问下去,共有五个问题:(1) Who are you?(你是谁?)(2) What do you want?(你想干什么?)(3) What can you do?(你能干什么?)(4) What can support you?(环境支持或允许你干什么?)(5) What can you be in the end?(最终的职业目标是什么?)回答了这五个问题,找到它们的最高共同点,你就有了自己的职业生涯规划。

鉴于小学生处于认知初级阶段,仅需认知职业,初步酝酿职业导向。我以"我的未来不是梦"为题,请每个孩子思考并回答了第二个问题:我想干什么? 至于是否能做、环境是否支持,都是后话。

"有两种东西,我们越是经常、越是执着地思考它们,心中越是充满永远新鲜、有增无减的赞叹和敬畏——我们头上的灿烂星空,我们心中的道德法则。"我们的未来,也可以算作灿烂的星空吧,时常思考,充满理想。

2. 我有一个梦想

提到种族平等,一定绕不开两个人:亚伯拉罕·林肯和马丁·路德·金。如果说林肯在1862年发表的《解放黑人奴隶宣言》是对黑人正当的、之所以为人的天然权利的肯定和承认,那由马丁·路德·金在二十世纪五六十年代领导的一系列黑人民权运动,就是以一种积极的方式逼迫美国兑现宪法赋予黑人的正当权利。

教材中对这些内容的介绍浮光掠影,一带而过,但我想在此停留片刻,和孩子们一起走进马丁·路德·金的著名演讲《我有一个梦想》。"你们认为马丁·路德·金会写些什么?"孩子们透过题目,纷纷猜测起来,经过汇总我们提炼了三大问题:what——他的梦想是什么? why——他为什么会有这个梦想? how——他准备怎样实现这个梦想?

这篇演讲稿很长,五号字,A4纸,密密麻麻正反两面。

我提出了三个问题:

- 他是倡导黑人与白人平等,还是全人类的平等?
- 黑人究竟遭到了哪些不公正的对待?
- 他号召人们采用什么方式来实现这个梦想?

我们带着这三个问题,一字一句通篇朗读了全文。这还不够,"请大家带着这三个问题,再次默读,绘制思维导图。"我给了3分钟的时间,找到答案的孩子可以上台板书。这3分钟是紧张的,也是忙碌的,更是安静的。

3分钟后,我们进行了分享和讨论。

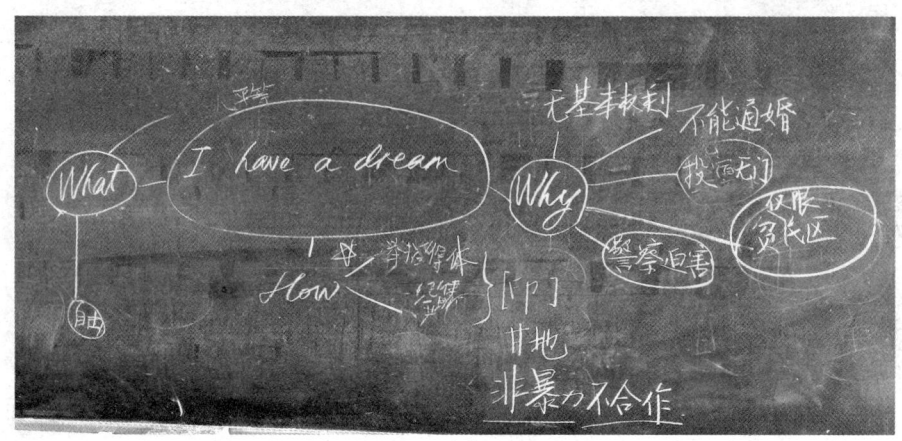

结合孩子们的板书,这三个问题的答案产生了。不能不说,孩子们提取信息的能力正在与日俱增。小车同学快速地找到了原因,并进行了精准的提炼概括;小谷同学把握住了实现的方式。有了孩子们集体的智慧,三个问题迎刃而解:

- 我的梦想——平等、自由。
- 梦想原因——无基本权利、投宿无门、被警察欺侮、住贫民区……
- 实现方式——举止得体、纪律严明。

马丁·路德·金之所以倡导大家在争取权利的时候举止得体、纪律严明,是有原因的:"他深受另一位伟人的启发,这个人就是被称为印度国父的甘地,他领导的'非暴力不合作运动',采取绝食、静坐等'非暴力'的方式向暴力宣战,让印度走向了独立。"我向孩子们做了简短的介绍。

在集体研讨的过程中,就听到有孩子情不自禁地感慨:"黑人真可怜。"黑人究竟有多可怜?他们遭受了怎样的奴役和剥削?孩子们耳熟能详的是《汤姆叔叔的小屋》,这部小说是19世纪最畅销的小说,被认为是美国南北战争的导火索之一。其实,相关的影视作品还有不少,我向孩子们推荐了电影《为奴十二年》。这部获得第86届奥斯卡最佳影片、最佳改编剧本、最佳女配角的电影,是根据真人真事改编的,讲述了一个生活在纽约的自由的黑人,被诱拐绑架,开始了长达十二年的奴隶生涯。时间有限,我给孩子们看了一个小片段:为了抹去主人公沙利文自由人的身份,看管他的白人告诉他,从现在起他的名字是Platt,这是他变成奴隶的一个代号。不认同?!白人先是用木板敲打，木板敲坏了，再用鞭子。名字是一个人生而为人最基本也是最重要的标志，没有了真实的名字，主人公就不再是一个完整的人，失去了生而为人的尊严，自此便陷入无止境的被压迫的悲惨人生中了。

在查找这篇演讲稿时，才知道《我有一个梦想》是高中语文教材中的课文，"注意抓住演讲词的主旨和特点，分清逻辑层次，体会其中多样化的表现手法""领悟、品味其中深刻的思想和精彩的语言"，这些都不是我的教学目标，之所以让孩子们走进这篇演讲稿，只是希望打开一扇窗，以后，他们会从这扇窗看到更多的东西。

3. 人生七年

　　一直以来，我都有收集电影的习惯，而且标准很纯粹：奥斯卡获奖影片、纪录片、根据真人真事改编的电影。前者是为了在有限的时间内欣赏最佳，而后两者则是为教学服务的。只要有时间，只要有契机，我都会利用上课时间与孩子们分享。

　　我有时在想，我们的教育究竟是为了什么？仅仅是为了应付考试吗？如果这样定位，那么就学语数外好了，完全没有必要开设音乐、体育、美术、品德、信息等综合科目。古代私塾不就是为了应对科举而产生的吗？看来，这不是教育的本质。现代学校最初的诞生，伴随着工业革命，那时需要大量合格的劳动者，于是大班额出现了，学段制出现了。首先实施义务教育的德国，很快就成了世界强国。而我们的近邻日本，也是举全国之力推行义务教育的受益者。不过，那时强调的是多快好省。我在各种资料中看到，当时，体罚、变相体罚成为教学的必备。看来，这也不是教育的本质。那么教育的本质究竟是什么呢？我想，还是得回到人本身。教育肩负着传递的任务，更承载着传承的使命。这就需要我们把人，立在教育的最中间；就需要我们把人，放在自己的心里；就需要我们自己和儿童共生共长。那么，回到日常教学，我们该怎么做？当然不能手捧三本"红宝书"（教材、教参、练习册的俗称），登上新船；当然不能仅仅围绕着考试棒打转转；当然也不能以己昏昏，使人昭昭。我们要做文明的播撒者、生命的搏击者，更重要的是做希望的点燃者。于是，我向孩子们推介电影。

　　遇见《人生七年》，也算是机缘巧合。一天在新闻中听说有一位英国导演选取了一群孩子，从他们7岁开始，每隔7年采访一次，时间跨度长达49年。如今这些孩子都已经老了，最近的一次拍摄是他们56岁的时候。在佩服这位导演意志坚韧的同时，也激起了我的兴趣：难得有这样的机会让我们纵观一群人的人生轨迹，他们的成长能给我们怎样的启示呢？感谢万能的网络，让我找到了这部片子。于是，就有了今天的推介。

把影片下载下来,大家一起观看,音响效果当然不能与专业影院相比,但也有影院不能匹及的好处:随看随停,随停随议。纪录片很长,共有上、中、下三部。我也没有精挑细选,就选取了开头的两个人物:Sue、Paul。一个出生在伦敦东区,一个是在"儿童之家"(类似于我国的社会福利院)接受第一次来访的。我们就关注:什么时间他在做什么。这些在影片中都有旁白或数字提示。我要做的就是暂停,方便孩子记录。

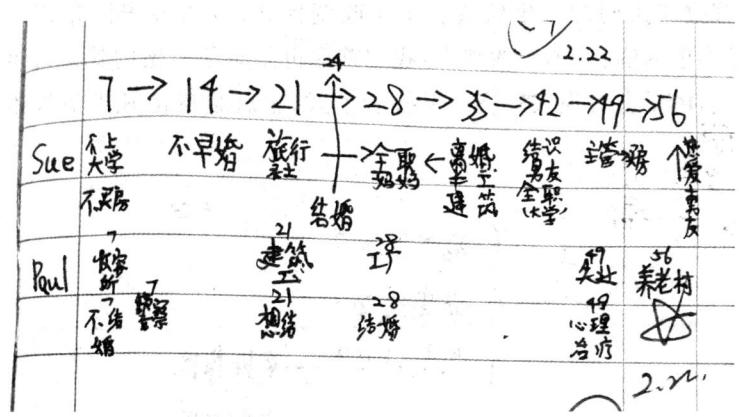

Sue 7 岁时说不上大学,住在政府提供的住宅里;14 岁时说不早婚;21 岁在旅行社工作;24 岁结婚;24—35 岁为全职妈妈;35 岁离婚,为了照顾孩子,在建筑公司做半工;42 岁结识现在的男友,在大学做全职工作;49 岁成为大学主管,买了房子,成为家族中唯一一个买房的人;56 岁除了工作,还参加剧团表演。

Paul 7 岁时因父母分居、离婚,被送到了"儿童之家",说自己不想结婚,未来想当警察;21 岁成为建筑工,想结婚;28 岁结婚;49 岁失业,接受心理治疗;56 岁时和妻子一同在养老村工作,他们的婚姻持续了 28 年。

如果说电影展示的人生是虚构的,其中创作成分更多的话,那么纪录片,尤其是这部纪录片基本就是展现人的真实人生。"看他的 7 岁,再看他的 56 岁,你觉得他的生活怎样?如果觉得没有什么变化,请将手放平;如果觉得生活水平提高了,就举手;下降了,手指就冲下。"边说,我边做示范。短暂思考之后,我们开始举手表决。孩子们的意见基本相同,都觉得他们的生活蒸蒸日上。

"究竟是什么改变了他们的生活?他们生活的转机出现在什么时候?"孩子们发表了各自的意见。有的认为是妻子的不离不弃改变了 Paul;有的认为

Paul 的妻子比较果断,正好弥补了 Paul 优柔寡断、比较自卑的缺点;有的认为 Sue 的变化是由生活态度决定的,她非常热爱自己的工作,很有责任感,这让没有上过大学的她不仅能在大学工作,而且能走上管理岗位;也有的认为 Sue 的男友对她产生了积极的影响:他乐观、严谨,而 Sue 则比较懒散。

"人生能改变吗?谁来改变?改变什么?"这是我推介这部纪录片的原因。Sue 和 Paul 已经现身说法了:人生当然能改变;我们自己、积极向上的家人都能够改变我们的人生轨迹。至于改变什么,我给孩子们介绍了古典在《拆掉思维里的墙》一书中的观点:我们首要也是必须要做的就是改变我们的心智模式,由受害者模式转变为掌控者模式,也就是说由凡事消极推卸转变为积极应对。

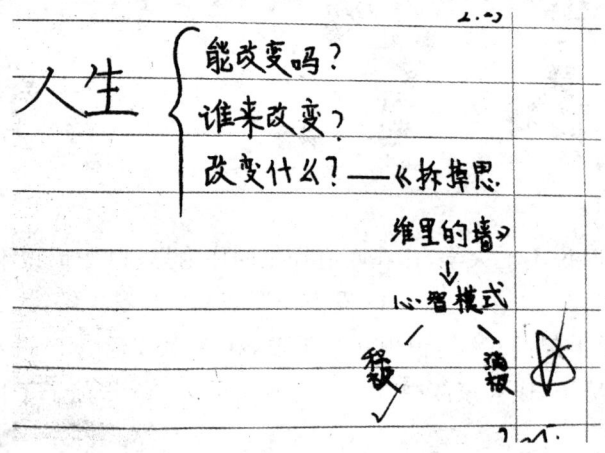

孩子们能听懂吗?不知道。但至少我要去撼动一下,哪怕就动了那么一丁点,也是有益的。

4. 关于糖的故事

没有孩子不爱吃糖，连我们成人都爱。看了《一部关于糖的电影》之后，我坐不住了，一直想找个时机与孩子们分享。终于，时间的天窗打开了。

Damon Gameau 是一名澳大利亚演员兼导演，他几年来坚持食用无糖食品。为了切断所有相冲突的科学观点，也为即将为人之父做准备，Damon Gameau 决定找出糖对人体健康的真正作用。于是，他亲自进行这项实验，并进行了全程拍摄。

"这部电影会谈些什么？"我没有将这部电影诞生的背景公之于众，而是直接让孩子们看题猜测。他们认为会讲述糖的作用、糖的历史。"那好，就让我们带着这些问题，边看边绘制思维导图吧。"下面两幅是小洪和小虞绘制的思维导图。

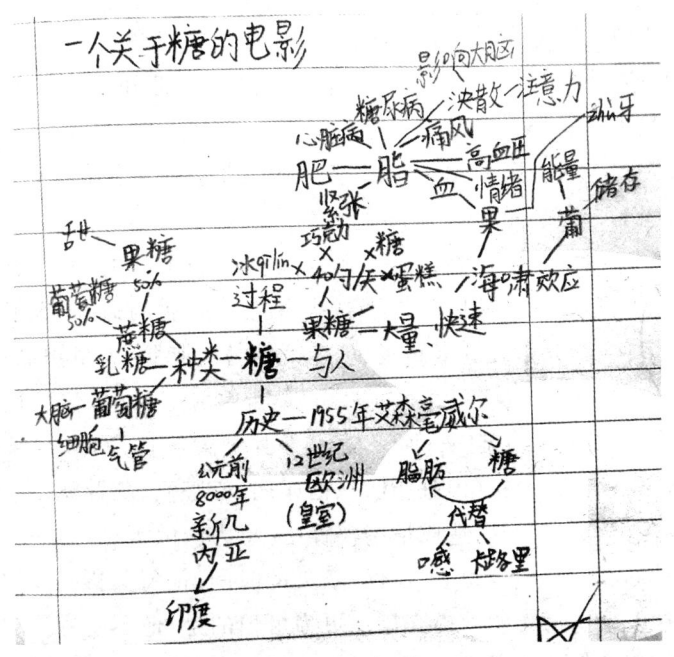

小洪绘制的思维导图

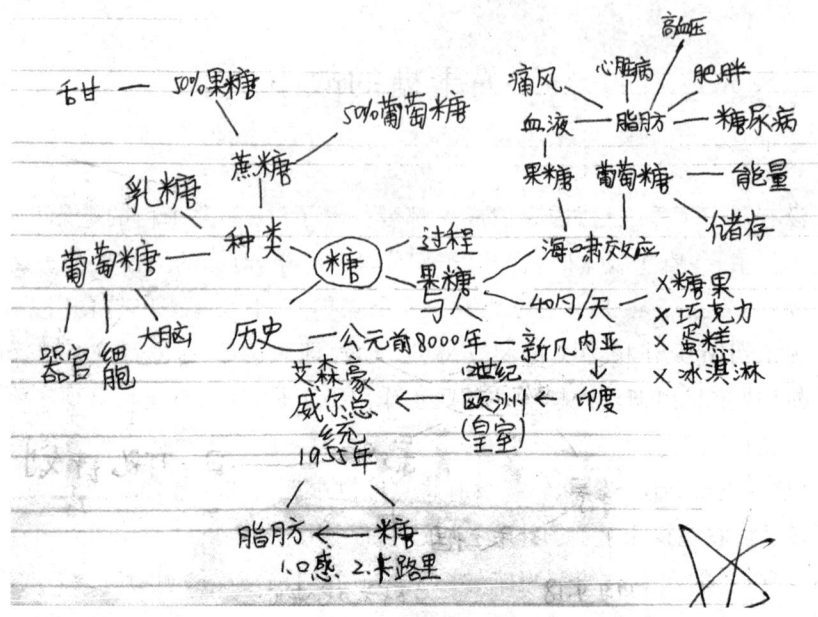

小虞绘制的思维导图

- 糖的种类:葡萄糖、乳糖、蔗糖。其中,葡萄糖对我们人体非常重要,如果没有葡萄糖,我们就无法生存。蔗糖由 50％葡萄糖和 50％果糖组成。让我们感觉到甜的是果糖。

- 糖的历史:公元前 8 000 年,在新几内亚诞生,后来传入印度,12 世纪到了欧洲,当时专供皇室。1955 年美国总统艾森豪威尔患了心脏病,当时的医学界出现了两种声音:一种认为心脏病是由脂肪引起的,另一种则认为与糖有关。最终,脂肪成了病因。为了减少罹患心脏病的概率,人们开始吃低脂食品;为了增加口感,弥补卡路里,蔗糖开始替代脂肪,大量添加。

- 当大量蔗糖进入身体后,就产生了海啸效应。其中,葡萄糖或是转化成了能量,或是被储存了起来;而果糖因为肝脏无法代谢,只能被排到血液中,成为脂肪。结果:增重(内脏脂肪)、糖尿病、心脏病、肥胖病、高血糖、高血脂……果糖还会影响大脑,造成情绪浮躁、注意力涣散等。

Damon Gameau 现身说法,仅仅 60 天的时间,他每天摄入 40 勺糖,也就是我们正常人平均每天的糖摄入量。更为可怕的是,他不吃糖果、巧克力、冰淇淋、甜品等,只吃从超市采购的,我们认为健康的食品,比如说麦片、低脂酸奶、果汁、日式照烧鸡等。这 40 勺糖，都是含在食品当中的。仅仅 60 天，他的身体状况由实验前的优秀，下滑到了最差行列。

既然果糖对于我们来说有百害而无一利，为什么一直以来，我们都不知晓呢？原因很简单，从下面一幅学生绘制的思维导图中我们可窥见一二。

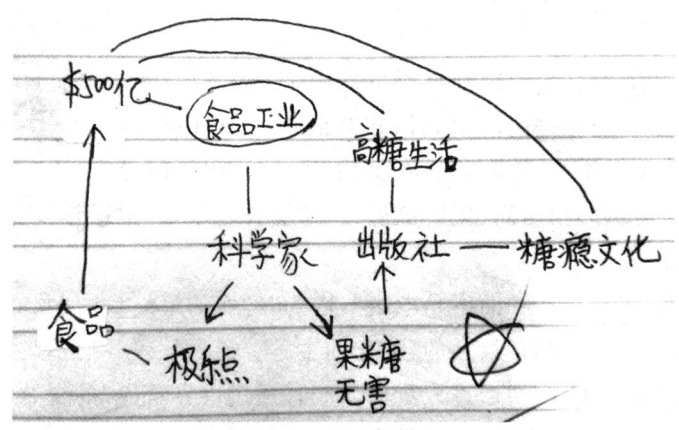

正巧，刚刚看完《品牌洗脑：世界著名品牌只做不说的营销秘密》，我推介给孩子们。作者马丁·林斯特龙是全球著名的营销大师，担任世界多家高端公司的顾问，包括麦当劳、宝洁、雀巢、美国运通、微软、迪士尼等。他向我们揭露了营销者、广告商、零售商如何利用数据，借助复杂的新工具和科技，追踪和分析我们留下的种种"电子足迹"：获取我们在商店刷会员卡、用信用卡购物或在网上查看商品的信息，通过复杂的算法预测出我们的个性和我们可能会购买的东西，然后为我们提供适合于个人独特心理特点的商品，对"我们应该买什么"产生看不见又实质性的影响。他还揭示了广告商和品牌是如何让我们产生"如果不买新的产品，我就好像缺了点什么、愚蠢或跟不上时代了"这一观点的；展示了营销者们为了让我们掏钱而使用的最卑劣的策略和诡计，包括从众心理、激起并不存在的幼年回忆、性暗示、健康谎言等等；披露了人们尚在母体中时是如何被打上品牌偏好的烙印的，品牌是如何利用人性的弱点，如恐慌、从众、怀旧、喜爱性感、崇拜明星等俘虏跟随者的。

看了电影，书就不用再看了。他们用不同的方式表达了相同的内容，传递了相同的声音：质疑精神，非常重要。我们是否还需要追问：这一精神是不是只在购物时需要呢？

5. 课堂,向四面八方打开

一直以来,都在努力助推孩子的思维向更深处漫溯。我们自主质疑,借助最有价值的、最感兴趣的研究话题共同探寻;我们小组讨论、全班交流,借助同伴的力量携手并进;而我也在努力让课堂向四面八方打开,希望窗外的风景能让孩子们站得更高、望得更远、想得更深。于是,纪录片就这样走进了课堂。

为什么选择纪录片,而不是电影?因为"纪实的最终目的"并非仅仅为了"纪实",而是要呼应某种社会的、文化的主题。通过比较我们不难发现,纪录片在表现方位上实现了"透过人看世界"与"透过世界看人"的交叠和互补,唤起人们对现实、历史、人文、哲学的思考。

怎样使用纪录片?一般来说,纪录片的时长都接近2小时,而我们一节课的时间只有40分钟。加之,大多国外纪录片都只配有中文字幕,如果只是播放,让孩子们自己看和听,在没有任何铺垫和指导的情况下,能有几多收获?我不敢奢望。因此,但凡是推荐给孩子们看的纪录片,我一定提前看过,围绕所要研究的主题进行截选。

六年级下册第一单元"我们生活在一个地球村"中,孩子们最感兴趣的就是网络,所提的问题也大都围绕这个话题。究竟我们应该怎样看待网络?孩子们在独立分析的时候,也能客观地从利弊两个角度加以思考。但我认为,这还远远不够,必须将他们的思维再往前推一步。

于是,我选择了2016年2月17日在柏林电影节上放映的纪录片《零日》。这部由美国导演亚历克斯·吉布尼执导的纪录片,主要讲述了"震网"计算机蠕虫病毒攻击伊朗核设施的故事。虽然《好莱坞报道者》《每日银幕》等媒体都批评该部纪录片缺少中心议题,但这是近年来一部真实展现网络战的难得之作,不能轻言舍弃。我决定从三个问题入手:谁是病毒制造者?他们制造病毒的目的是什么?伊朗核能发展的轨迹是怎样的?

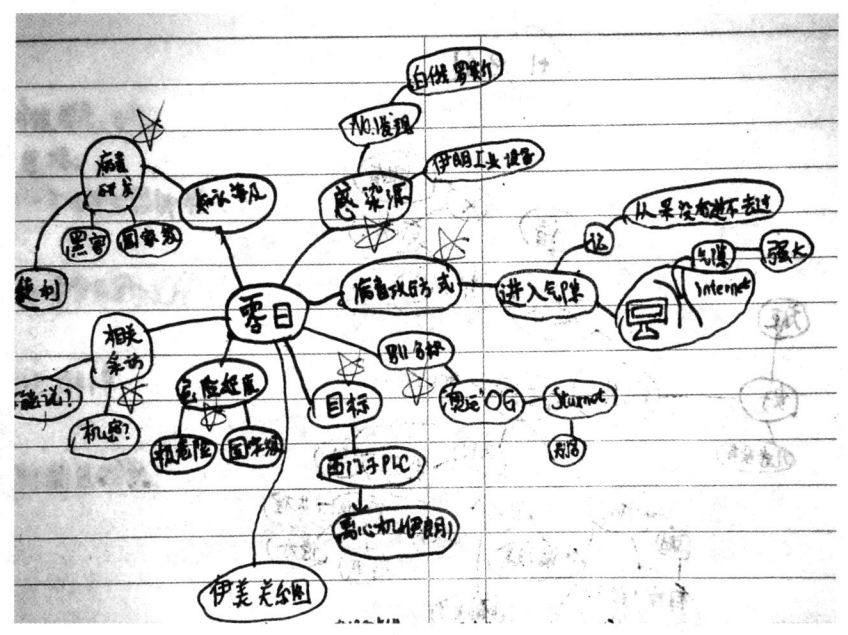

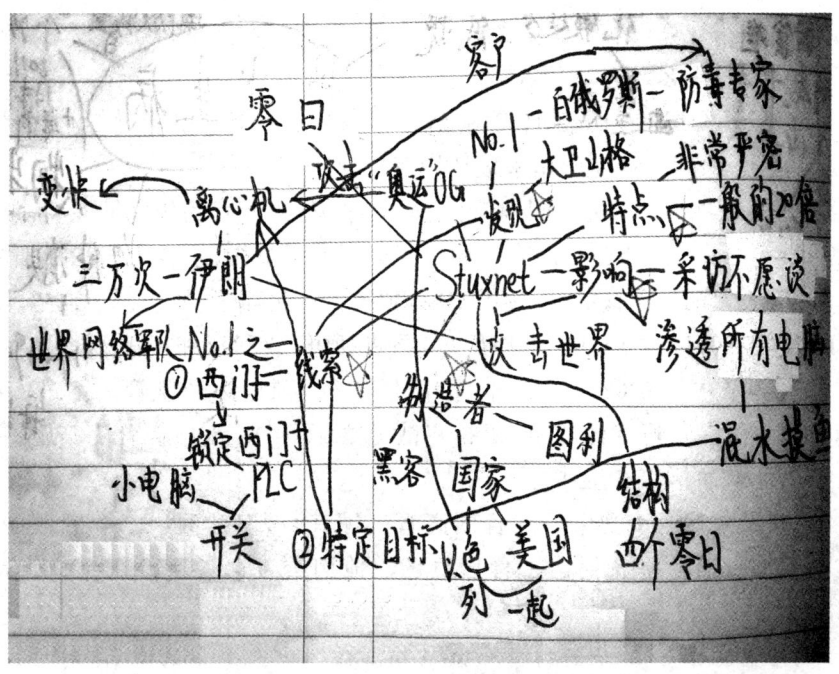

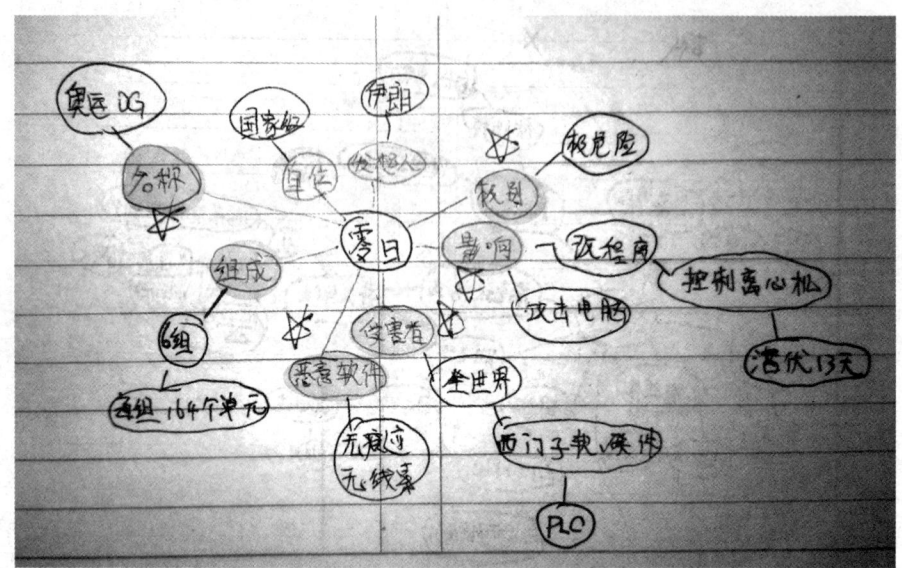

孩子们边看边思边画，随后，我们做了如下梳理。

• Stuxnet（震网）病毒是世界上首个专门针对工业控制系统编写的破坏性病毒。关于计算机病毒制造者，一般分为三类：一类为图利的人，一类是只为显示身手的黑客，还有一类是国家。

• 纪录片介绍的 Stuxnet（震网）病毒是世界上首个专门针对工业控制系统编写的破坏性病毒，专门用来破坏伊朗核设施。

• 伊朗发展核能并非一帆风顺，美国 20 世纪 60 年代为伊朗的盟友，帮助伊朗建设。到了 20 世纪 80 年代，由于伊朗爆发了革命，亲美的国王被推翻，美国便阻止伊朗发展核能，不过巴基斯坦"核弹之父"阿卜杜勒·卡迪尔汗伸出了援手。2001 年"9·11"事件后，美国将朝鲜、叙利亚和伊朗列为世界三大"邪恶轴心国"，2002—2005 年，伊朗便执行限制，接受监管。不过 2006 年，趁着美国深陷阿富汗战争、伊拉克战争之际，伊朗又开始继续实施核计划，浓缩低度铀，兴建离心机。

虽然纪录片中接受采访的各国高管三缄其口，但借助这三个问题的理解，孩子们轻而易举就揭出了幕后真凶。他们透过这一事件，会怎么看待网络？

网络有时很可怕，它可以替代战场硝烟成为未来战争的武器，对对方造成物质和技术上的损失，可见学好网络知识是多么重要。

我看了这个以后,对网络的认识更多了,也知道网络是一个十分危险的东西,它能做许多事情:能毁掉一个国家,甚至杀人,如果你电脑技术好的话。所以,我们以后要正确使用网络。

现在的网络已经被广泛应用,最大好处是可以推动人类发展,最大坏处则是可以毁灭人类。现在有人仗着自己有极大的网络天赋而做出许多无厘头的病毒来取乐或取得利益。而他们却浑然不知自己做的病毒有多大的毁灭性。

以前从未想过网络伤害那么大,有那么多危害。透过这个事件我看到了,国家之间的斗争,表面友善,可私底下凶狠,又想到现在韩国与中国之间的关系,觉得处理国家关系真不容易。

如果说网络是一种工具,我更愿意相信它是一种武器,一种强大的"杀手"。网络对人类产生的弊已经快要超过网络的便捷性了。所有的发明一开始都是好的,为什么慢慢变得具有破坏力。网络让无数人倍受折磨与苦难。

网络可以很强大,也可以很脆弱。美国促使伊朗拥有了世界上最强大的网络军队之一,这不是自作孽不可活吗?

网络真正的用途到底是什么?是造福人类,还是成为一片区域更大、杀伤力更大的战场?

网络也许是美好的,有的时候可以好到让人有温暖的感觉,可如果坏起来,那么可能会威胁到一个国家、甚至地球的生死存亡。

网络是好是坏?网络战争的到来事实上比肉体战争更可怕。网络让人互相残杀,使人失去一切,适当用网,珍爱生命!网络两面性太大。

病毒之于计算机和网络,就像是打开了潘多拉的魔盒一样,谁是赢家?

当课堂向四面八方敞开,我们便与儿童灿烂的、完整的、富于力量的心灵世界相遇了。

6. 世界很大，应该去看看

"世界那么大，我想去看看。"这封辞职信在网上一经发布，立刻引起热议，被人评为"史上最具情怀的辞职信，没有之一"。世界真的很大，不仅这位女教师想去看看，孩子们也应该去看看。于是，每年放假前，众多学生家长就来学校开证明了，这是出国旅行、修学的必备材料。

走出国门的孩子们，回来后更是拥有了众多谈资。于是，学生讲坛也就应运而生了。他们站在精心制作的PPT前，口若悬河，畅谈异国风土人情，的确让我们这些听众大开眼界。但了解世界，一定要行万里路、亲临实地吗？跟团旅游，能对所到之地有深入的了解吗？不一样的风情，是我们唯一关注、感兴趣的吗？

最近我们在学习"地球生病了"这一单元。仅仅是我们在关注地球变化吗？温室效应的产生真的如书中讲述的，完全与二氧化碳大量排放有关吗？其他物种与我们真的有密切关联吗？我们没法深入各国研究机构，但是，有一个媒介能够发挥巨大作用，那就是纪录片。

钟爱纪录片，是从《迁徙的鸟》开始的，它让我第一次从鸟的视角观察这个世界。而《竞速灭绝》帮我揭开了以上的迷惑。因此，我把这部纪录片推介给了孩子们。

我把这部纪录片分成了五个时间段，每个时间段一个主题词："地球史"（11′20″—12′48″）、"海水酸化"（29′40″—33′50″）、"二氧化碳"（41′30″—43′20″）、"生物网"（46′00″—47′43″）、"北极甲烷"（56′15″—58′48″）、"公益广告"。除了公益广告被故意放置在最后呈现外，其余都是按照纪录片的进程展现的。

孩子们边看边记录。

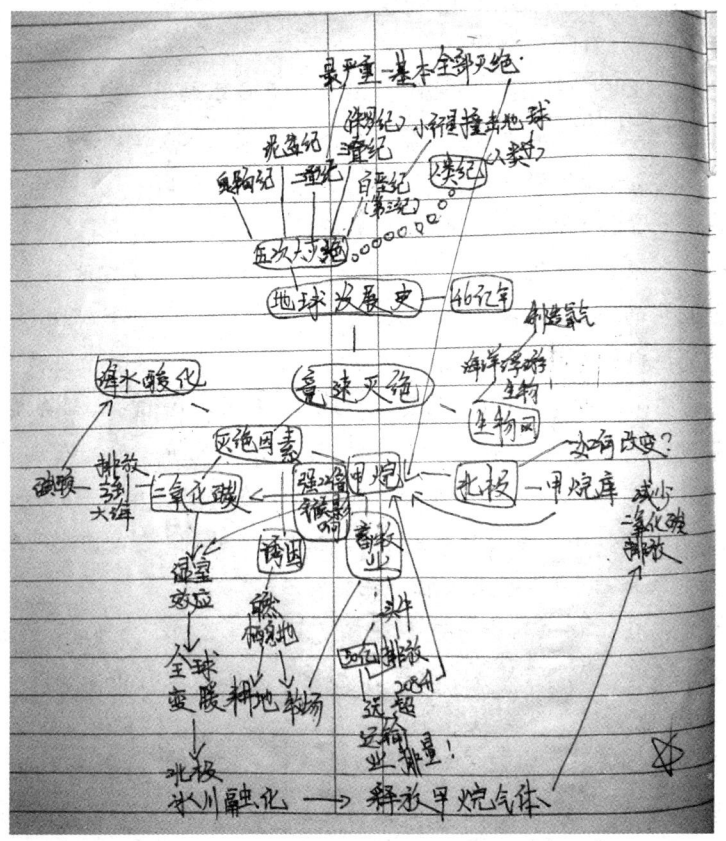

- 地球史：地球46亿年以来，经历了5次大灭绝，分别是奥陶纪、泥盆纪、二叠纪、三叠纪、白垩纪。共同的原因都与二氧化碳大量排放有关。其中，科学家研究猜测，灭绝最严重的二叠纪很可能与甲烷有关。目前，我们进入了人类纪。

- 海水酸化：海水酸化有直接原因，也有间接原因，而这两个原因都与人类有关。海洋吸收了全球1/3的二氧化碳后，形成碳酸，使海洋生物溶解，进而消亡。

- 生物网：制造足够氧气的是海洋中的浮游生物，它的锐减，将直接威胁到各种生物的生命。

- 甲烷：甲烷作为温室气体，它对气候的影响是二氧化碳的22倍。一部分甲烷是畜牧业产生的，一头牛一天产生208升甲烷；另一部分是北极冰川融化后，被释放出来的。

- 广告:"没有买卖,就没有伤害。"

孩子们看后,有哪些感受?

世界为什么会竞速(加速)灭绝?因为人类自己制造二氧化碳,发明的汽车、工业生产都在排放二氧化碳;因为人类自己开发大量自然栖息地,过量排放甲烷。两者结合,气温升高,冰川融化,甲烷破冰而出,世界正在加速灭绝中……我沉默了,为什么会加速,说到底都是人类自己造成的。

几十亿年前,二叠纪发生生物集体灭绝。为什么?有学者认为,是因为甲烷。在北极的地下,有很多的甲烷,而人类却还要从北极地下挖汽油!

这不是把肉送入虎口——自讨苦吃吗?人类不应加快畜牧业发展了。不能因自己的利而忘却了自己的义,要保护地球,不让二叠纪的悲剧再发生。

每每谈到这种有关生命灭绝的话题,真的都不敢想。如果人类再这样下去,那么总有一天,我们会停止呼吸。如果人类在那时才看到了自己的可怕,恐怕后悔莫及了。小行星撞地球是我们控制不了的,但是我们明明可以减少排放有害气体的,为何不早点采取措施呢?

这部片子让我意识到地球是多么容易被人类毁灭。我们不应该认为地球灭绝是很多年后的事,与我们这代人无关。其实如果再不减少二氧化碳和甲烷的排放,地球很快就会被我们人类自己一手毁灭。作为人类的一员,我们应该走好每一步,减少或推迟生物灭绝的速度。自然因素我们管不了,但人为因素一定要好好控制。首先要保护大海,它是我们生存的最大的源头。

世界很大,我们应该出去看看。在时间有限的情况下,如果想更加深入地走进他人、他国、他物,换一种视角,换一个方位,纪录片是一个不错的选择。

毕业季：满满的幸福与感动

（后记）

又将送走一届毕业生，和以往一样，拍照留念、撰写留言、毕业晚会……在离别之际，孩子们用各种仪式珍藏童年的回忆。

分别之际，他们也给我送上了一份大礼：有的回忆了一堂难忘的课，有的关注了我的教学方法；有的宏观，有的细微；有的谈他眼中的我，有的谈我对他的影响……话语虽然朴实无华，却让我深受感动。

虽然您只教了我们短短的两年，可我对您的印象却很深。您教了我们地理，还记得上次您教的中国地图吗？那么多的平原、盆地，可您仅用了两节课不到的时间就让我深深地记在了心里，谢谢您，老师。

在您的课堂中，我们学到很多。您用"思维导图"打开了我们的思路；您用PPT让我们开朗许多，敢于大胆介绍；您给我们时间的限制，让我们明白时光如白驹过隙，"跑"得飞快。

在我五年级的时候，我遇见了您。一开始，我还不是很喜欢品德课，可当您第一次给我上课时，我便渐渐喜欢上了品德课。您的教学方法跟别的老师截然不同：思维导图、PPT……都增长了我许多知识！

唐老师，虽然您只教了我们两年，却留给我们最深刻、最美好的记忆。我会永远怀念您的课堂，您对我们每个人都善施教化，在一举一动中影响着我们。春天，带我们去赏樱花，培养了我们自我管理的意识；冬天，带我们出去玩雪，形成了我们强烈的集体意识。

我马上就要毕业了！感谢这两年您教会我那么多知识。因为您的教学方式，我开始喜欢上品德课。您的教学幽默而不失严谨。两年内，您带我们了解了许多国家的风土人情，带我们学习地理，带我们用思维导图表达自己的内心。我从您身上学到了很多小细节。谢谢您，唐老师！祝您永远快乐，培养出更多优秀的学生。

两年前的那个秋天,我们相遇,两年后的今天,我到了说"再见"的时候,其实我很喜欢您的课堂——1分钟,2分钟,5分钟;0音量,1级音量,2级音量……很实在。思维导图,时间轴……我学会了那么多学习方法。也变得大胆起来,去和同学辩论,感谢这次相遇!

一直以来,我都很喜爱品德课,喜爱那与众不同的发言形式,喜爱那新颖的思维导图,更喜爱为我们上课的您!您是副校长,工作很忙,却从不敷衍我们的课,每一节课都上得那么精彩、生动。您还常常带我们走出校园,寻找南京的历史。感谢您!一个平凡而又出彩的您!祝您身体健康!

上五年级上册时,我不习惯您。我总害怕您,觉得您是那么神神秘秘。后来,我看到了您和蔼的一面,原来您也是一个可亲可近的老师。我发现,您在开心时笑得很灿烂,读书时又那么认真。您在《成长的脚印》上的鼓励,更令我兴奋。谢谢您!

我很喜爱您的上课方式,课上活泼、自由,但又不会违反规则。您会带我们出去感受自然,让我难忘。

您是学校的副校长,您工作繁忙,可总是努力挤出时间为我们讲课。上课时,您总是激发同学们的学习兴趣,让大家小组讨论,上台发表观点,再请同学补充,并以此让大家对一个问题有了更全面的了解。您教育我们如何做人,您的教诲之恩,我永远不会忘记。

我想要谢谢您的是,谢谢您陪伴了我们两年。在两年中,您经常让我们做一些有趣的活动,有些活动是在室内,有些活动是在室外进行的。您不是只重视上课,还经常带我们全班出去转转,到樱花盛开的季节,您总是带领我们去观赏,还给我们拍照留念。请让我在这即将毕业之际对您说一声:"谢谢!"

唐老师,您是我见过的最特别的老师。您很懂我们,上课也基本是我们讨论,您有点像杨红樱阿姨所写的《漂亮老师和坏小子》中的米兰老师。您上课从不按课本上分的单元课时,一点点地教,您有时画思维导图,有时让我们看视频,画这个视频的思维导图,看着我们上课激烈地讨论,您很高兴。唐老师,此刻我有很多话想跟您说。

唐老师,你是我从一到六年级,上品德课,遇到的最有意思的一位老师了。你身为副校长,我们却并没有一种压迫感,像朋友一样。你上课很有意思,喜欢让我们自己动脑,并把长长的课文压缩成一张思维导图,你还经常在一些天气好或重要的时刻,带我们出去玩,感受大自然。有一位这样的品德老师,我认为我很幸运。

唐老师,感谢您这两年来的教导。您使我学会了怎样画思维导图,更让我了解了很多地理、历史知识。在我的印象中,只有您才会将品德课上得那么精彩,知识量那么大。马上就要毕业了,可我不会忘记您,因为您真是一位很棒的老师。

唐老师,再过十几天我们就要毕业了,也要和您说再见了。所有老师中,我最喜欢您的教学方式,在您的引导下,我们学会了画思维导图,学会独立思考问题,学会与大家讨论,从而得到答案。等到我以后成为国家的栋梁之材,一定会回来看您的!

唐老师,很感谢您带我们走过了如此短暂的两年。您与别的老师不同,从不死板,但在有趣的同时,却又维持了纪律。您教我们绘制了思维导图,在漫长的历史长河中追寻先人的足迹。我永远忘不了您带我们出去看樱花时的悠闲与自在,那恐怕是紧促的生活中一点难得的悠闲吧。

虽仅两年,您却让我们看到了您的一丝不苟、善良、活泼的一面,每一次与您打招呼都是那么愉快。难过的时候,与您打一次招呼,看看您那似乎永远保持微笑的脸,就感觉压力都没了。似乎那东西有 magic 啊!

唐老师,您的教学方式很特别——思维导图和积分制。平时的分数影响到期末等第,很多人都很在意。另外,平时您的课堂不用举手,这是所有老师都不会采用的,而您却能运用得很好,让我们有自己的空间。希望毕业后还能得到您的指导。

唐老师,您教我们品德已经有两年了,您上课时那一个个看似稀奇古怪其实很引人入胜、让我们受益良多的方法,至今还印在我的脑海中。

您对我们的启发特别大。您特别公正,虽然您一直都没有发过脾气,但您会用十分恰当的言语提出警告,令我十分敬佩;您一直以来都只关注孩子的优点,让我们扬长避短,更上一层楼;您还教我们绘制思维导图的思路,哪些可以分层,哪些可以合并,的确很到位。您是一位非常称职的老师,让所有人不知不觉便懂得了许多做人的道理。虽然,我以前有些时候和您赌气,但是您却没有过分责怪,令我非常感动。小学的日子不多了,但我在这儿对您说一声:"唐老师,我没有辜负您的希望!"

现在的我和您良好的教育是有很大关联的。我从您这儿学到了许许多多的知识,对我有一辈子的帮助,您直爽的性格和课堂教育的方法都令我难以忘怀。

唐老师,您的课堂生动有趣,让我们有独立思考的空间,教我们画思维导图,带我们看花开花落。2017毕业季,谢谢您的教诲!

您在我们心目中是一位有学问、民主、酷爱跑步的老师,我希望今后您能够拥有一个更健康的身体,更聪慧的大脑,让我们更博学多才。

唐老师,您从五年级开始教我们,距相识已经过了两年。您陪伴我们的时间远不及同学长,但您已是我们记忆中不可被磨灭的老师。您从不发火,不管是班上有多么吵闹,您总是能用简单的方法让我们静下来。您从不骂学生,对待学生上课不听或犯错误也都只是给我们讲道理……谢谢您!

从您一开始教我们品德时,我就很喜欢品德课。虽然我上课很少发言,甚至会走神,但我依旧热爱这门学科。您有时会让我感觉严厉,有时又让我觉得您似乎和我们一般大。您上课不爱死板地照书来授课,而是更多地让我们去思考。我记得在一开始,我十分怯场,您后来让我们制作PPT去讲《希利尔讲世界地理》时,说实话,当时我还在心中祈祷永远别轮到我。但不知出于什么心理我竟然自告奋勇,当"第一个吃螃蟹的人"。从那时起,一次次演讲使我变得自信。虽说还有一些紧张,但远比之前好很多。

首先呢,我得感谢老师教给了我思维导图这种形式的归类,以及做事精确、精准、简练、挑重点的理念,这几点无论是对于以后的处事或是学习之路都将起着非常重要的作用。另外,是您教给了我自律,教给了我做人之道,教给了我许多隐含着的人生哲理,让我自己领悟,自己遵守,自己执行,而不像一般老师那样像老人般苦口婆心,唠唠叨叨,让人难以接受。您总是关心每一个学生,无论是发言积极的小郁同学,还是我这种平时很少说话、默默无闻的人,我记忆中最深刻的一件事是您批改、修正我的思维导图。本来分类糊涂的我的思维导图,在您的修改下,变得有条有理头头是道。表面上,您教育我绘制思维导图应有条理,实则是让我做事、学习等也应如此。这样的事例很多。

记得五年级,您第一次教我们,我们由一开始的不熟络到如今的浓浓的师生情,您用您生动的课堂陪伴着我们,在您课上,能学到很多,能参与到这个大家庭。转眼,要毕业了,谢谢您的教诲,很怀念那生动的课堂……

您自五年级开始教我们品德,教我们知识,更是教我们为人处世。您上课一向幽默风趣,让我们能快乐地学习,而不感到厌倦。您的教学方式也很新颖。上课发言直接站,能激发我们的热情,勇敢地说出自己的想法,我永远感激您!

在您的课上,我和同学们齐头并进,学会了许多道理,如"看人不要片面""思考问题要会辩证"等。

您在我们同学的印象里都是个好老师……如果有机会回母校,我一定再来看您!

时光匆匆,转眼间我们就会踏上初中的学习之路,而我们脚下的坚实的地基,是由您和其他老师共同铺设的。这些年,我感激涕零,因为我从这里学到了许多。这段时光里,我对您的印象也是所有老师中最深刻的,原因很简单,您的教学方式与所有老师都不一样,总是那么高效而快速。而且,我们有不足,您也没有发火,而是指导我们改正。您有那么高尚的品质,我们都十分欣赏,也希望能做一个像老师一样的在自己热爱的岗位上拼搏、还能有成就的人。

您在我心里就是一个高大伟岸的形象。谢谢您给我们分享的旅游经历,谢谢您用跑马拉松来告诉我们做人不要放弃。虽然您扣了我不少星,但在我眼里,您依旧是个好人!

感谢唐老师在小学的最后阶段给了我终生难忘的品德课。每到春天、冬天,玄武湖公园附近一有变化,您就会带着我们去走走。每次我都能听见旁边的游客赞叹不已。您做事十分有原则性,只要违背规定,就一定不会去执行。这样一来,班上的调皮蛋就收敛了许多。我特别佩服您开阔的思维和长远的眼光。

上您的品德课,是很有趣的。没想到就是不知道,没写完就是没写完,不会有余地。还有,就是一直在想问题,课堂活跃度很高。但是,检测时题目比较活也是个缺点啦。

您是我们第一位单独教品德的老师,也是品德课第一次成为真正的课程。课上您的教导方法与众不同,先自学再讨论,最后仔细解释的方法是我们从未见过的。但事实证明,您的方法非常管用。

您不仅给我们讲品德书里的知识,还会给我们补充一些额外的、有趣的知识点。我特别喜欢同学当老师的方式,这使我感到有新意。

唐老师,等我孩子来上学时,希望还是您教她的品德。

孩子们,你们哪里知道,今天,你们把掌声与感谢送给了我。其实,应该是我感谢你们才对。你们知道吗?如果没有你们的存在,我也不会从事这份职业;如果没有你们的支持与响应,我也不可能如此顺畅地实践自己的教育理想;如果没有你们的包容和理解,我更不可能坚定地走下去。正如那句歌词唱的:你的笑,对我一生很重要!

为了你们发自内心的微笑

我愿意

放下所有的累

担起所有的责

只为了让你们回首童年时

有太多的美好

有太深的印记

为了你们恍然大悟的微笑

我愿意

在读万卷书中探寻

在行万里路中领悟

只为了让你们能踩在我的肩上

站得更高

望得更远

为了你我莫逆于心的相视一笑

我愿意

蹲下身子

放在心上
只为了和你们同一视角
看到你们所看到的世界
关注你们所关注的一切

为了你们
我愿意

2018年2月